SUDOKU

Over 300 Fantastic Puzzles

This edition published in 2022 by Arcturus Publishing Limited
26/27 Bickels Yard, 151–153 Bermondsey Street,
London SE1 3HA

AD010633NT

Printed in the UK

MIX
Paper from
responsible sources
FSC® C171272

Contents

How to Solve a Sudoku Puzzle

Each puzzle begins with a grid in which some of the numbers are already in place:

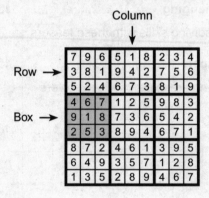

	9	6			8		3	
		1		4	2			
5						8	1	9
4		7	1	2				3
		8	7		6	5		
2				9	4	6		1
8	7	2						5
			3	5		1		
	3		2			4	6	

You need to study the grid in order to decide where other numbers might fit. The numbers used in a sudoku puzzle are 1, 2, 3, 4, 5, 6, 7, 8 and 9 (0 is never used).

For example, in the top left box the number cannot be 9, 6, 8 or 3 (these numbers are already in the top row); nor can it be 5, 4 or 2 (these numbers are already in the far left column); nor can it be 1 (this number is already in the top left box of nine squares), so the number in the top left square is 7, since that is the only possible remaining number.

A completed puzzle is one where every row, every column and every box contains nine different numbers, as shown below:

Column ↓

Row →

Box →

7	9	6	5	1	8	2	3	4
3	8	1	9	4	2	7	5	6
5	2	4	6	7	3	8	1	9
4	6	7	1	2	5	9	8	3
9	1	8	7	3	6	5	4	2
2	5	3	8	9	4	6	7	1
8	7	2	4	6	1	3	9	5
6	4	9	3	5	7	1	2	8
1	3	5	2	8	9	4	6	7

1

	4		2			5	9	
7	2	9			5		3	
		3	6	8				4
8	6			1		9		3
	7		3	2	8		6	
2		4		9			1	7
1				3	4	7		
	8		9			1	4	6
	5	2			1		8	

2

3	9	6	1		8	4	2	
	2		5		3		1	8
1				9				7
6			8	5	9			3
	5	3				1	8	
9			3	1	7			6
2				3				4
5	3		9		1		7	
	7	9	4		6	5	3	1

3 ★

3		7			4	2		
		9			7		3	6
	6	4		1	2			9
5	8		9			1		
	9		4	8	3		7	
		6			5		8	3
4			7	6		8	2	
9	1		5			3		
		8	2			5		4

4

	6		1		8		9	
	8			4		2	3	1
	3		2	9	7			
8		3	6		4			7
	1	9		2		4	5	
6			9		1	3		8
			3	8	2		7	
5	7	2		6			8	
	9		7		5		4	

5

3		7		9		6		5
2			5		6			3
	5	9	7	2		1		4
	6	1		8	5			
	2		3		1		9	
			9	7		4	1	
1		2		4	8	7	5	
4			1		9			2
8		6		5		3		1

6

2			9	7	3			8
	7		1		8			2
8	9	1		6				7
		6	4		5		3	
4	5			9			2	1
	3		2		6	8		
7				2		4	9	3
6			7		4		8	
3			8	5	9			6

7 ★

7	8		4		9			1
	1		6		8	9		2
		2		3			5	
5	2		1			4	8	
6				9				7
	3	7			2		6	9
	7			6		1		
2		6	5		7		4	
3			9		4		2	6

8

9		1		5		3		8
	7		4	2	9		1	
6				3		2		7
4		3	1		2	9		5
	9		3		6		2	
7		2	9		5	6		3
2		7		9				4
	8		2	1	4		3	
1		9		6		8		2

9

		5		2	3			6
		4	8				5	
		1		6		9	8	3
5	4		6		7		9	1
9		8		5		7		2
3	1		2		8		6	5
1	7	9		4		3		
	5				1	6		
4			3	7		5		

10

1				7		6		4
	7	8	1		2	3	5	
	5		9	8	6		1	
8			2	9	7			6
	9	6				1	2	
7			6	1	4			8
	6		7	2	1		4	
	4	7	3		8	9	6	
5		1		6				3

11 ★

4	7	5		1			2	
9			2		5	6		7
				3	8	4		5
	4	6		7	3		8	
3		2	1		6	5		4
	9		4	8		1	3	
8		4	9	2				
6		3	8		7			9
	2			6		8	5	1

12

5		6		1		9		4
	3				2			5
		4	6	8		7	1	
6		7	4			2	9	8
1				6				7
3	4	9			8	1		6
	6	2		9	3	5		
9			1				8	
8		5		7		3		9

13 ★

	1	6		8		9	2	
4		9		1		3		8
2			9		3			4
	9	7	1		5	4	8	
1			4	7	8			9
	4	3	6		9	5	1	
7			3		1			6
5		8		4		7		1
	6	1		5		2	4	

14

	9	1	2		8			7
2			4				5	3
		8		6	5		2	
1			9	7		3	6	2
	4			5			1	
7	2	6		8	3			4
	1		5	9		4		
6	7				1			5
8			3		6	9	7	

15

7	4		5		6		8	1
6		5		2				4
3		8			7	6		2
				6	8	4	9	
	5			4			1	
	2	9	1	3				
5		3	9			1		7
9				7		5		6
2	7		6		4		3	9

16

	5			7	9			8
	8		6				7	
	3			2		9	1	6
8		5	2		4	3		1
	6	1		5		7	4	
3		9	7		6	5		2
4	1	3		8			9	
	9				3		2	
6			9	4			5	

17

6	3		8				2	1
1			4	5	6	8		7
		4	3				6	
		2	7		5		4	
5	7			6			8	9
	6		9		3	5		
	5				8	7		
3		1	6	9	7			8
8	9				2		1	4

18

	1		5			2		
6	4			7			1	8
3		7		9	8			4
5	9	6			4		8	
	3		6		1		7	
	8		9			4	2	6
1			2	6		8		5
2	6			3			9	1
		9			7		6	

19 ★

4		2			7			9
9				1		2	7	5
3			9	2				
	7	5	4		2	1	3	
2	8			3			5	6
	3	4	8		6	7	9	
				8	9			3
5	9	6		4				7
8			6			9		1

20

	9		4		5		6	
4	6			8			3	5
7		8		3		9		4
2		4	8		1	3		6
	8		6		3		4	
5		6	7		4	8		1
8		7		1		6		9
3	1			6			8	2
	2		5		8		7	

21 ★★

1			2				9	
3	5		7			6		
9		4		1	3	7		
7				2		8	1	
	2		3		7		4	
	9	3		4				6
		6	1	5		9		8
		8			9		2	7
	3				8			5

22

			1	6	4			
1						2	3	
9		8		2			6	5
2	5	7			9	8		
	1		6		5		2	
		9	2			5	4	3
8	6			9		4		1
	2	3						9
			5	7	6			

23

★★

		8	9		4	6		
		4	5	8			2	3
7		5						1
				3	9		4	8
	6		4		1		9	
4	7		2	5				
3						2		7
9	2			6	3	8		
		6	7		2	1		

24

		3		7		1		
1		7			9	8		5
	5	2	4			9	3	
3	6			1	5			
	2						4	
			2	8			7	6
	8	6			3	7	9	
2		9	6			4		8
		1		9		6		

25

★★

	9	5		6	4		2	
		6	8					5
3		4	2				1	
5	4			9		1		
8			4		2			9
		2		8			7	6
	7				5	2		8
4					7	3		
	1		6	3		7	5	

26

	8			2	5		9	
4	5	2				1	8	6
		1			4	7		
		4			3		2	
8			6		1			5
	9		7			8		
		3	9			6		
6	4	8				5	3	9
	1		4	3			7	

27

★★

7	2			6		1		4
			1	5	3			
6						8	9	
9	3	2			8		6	
		8	3		1	7		
	4		6			3	5	8
	8	9						7
			2	1	7			
3		1		8			4	6

28

6			8				3	1
5	8	1				2		
			4	9			5	
	3	5	9	1		4		
	2		3		7		8	
		6		4	5	9	7	
	5			2	6			
		2				8	4	7
3	9				4			6

29

★★

		7		2	6	9	3	
			8			5	6	4
	4	1		9				2
				1	2			5
1	3						2	7
5			9	3				
9				4		7	8	
3	6	4			7			
	2	8	5	6		1		

30

			4	9	1			
6	9			7		3		5
	8	7						1
8	4	6			7	5		
	7		6		9		1	
		3	5			2	6	7
5						8	7	
1		4		5			9	3
			9	2	6			

31 ★★

2			5					
		1		8	4	7		3
	8	4		6		1	2	
8	2	7	9				3	
	6						5	
	3				2	8	4	9
	9	8		5		3	1	
5		6	3	2		9		
					7			4

32

2	1	8				7	9	3
4				3	2			6
		3			9	1		
		2	3					5
	8		4		1		7	
9					6	8		
		4	2			6		
8			7	5				9
7	2	5				4	1	8

33

```
.  2  . | .  7  . | 9  3  6
.  3  . | 4  1  9 | .  .  .
.  8  . | 2  .  6 | .  .  .
--------+--------+--------
.  .  3 | 7  .  8 | .  .  4
.  6  1 | .  .  . | 7  5  .
8  .  . | 6  .  1 | 3  .  .
--------+--------+--------
.  .  . | 5  .  4 | .  7  .
.  .  . | 9  2  3 | .  4  .
5  4  9 | .  8  . | .  2  .
```

34

```
.  .  1 | .  2  . | .  5  6
.  .  . | .  9  4 | 8  2  .
7  .  9 | .  .  . | .  1  3
--------+--------+--------
.  3  . | .  .  8 | .  .  4
6  .  8 | 9  .  2 | 1  .  5
5  .  . | 6  .  . | .  7  .
--------+--------+--------
8  4  . | .  .  . | 7  .  9
.  1  6 | 4  7  . | .  .  .
2  5  . | .  6  . | 3  .  .
```

35

		1		4		7		
	8		7		1		6	
6		7		5		9		4
5		8	4		3	2		7
	7		8		5		4	
4		3	9		7	1		8
8		6		3		4		9
	9		1		4		2	
		2		8		5		

36

1						4		8
		6	4		8	3		
7	4		1	6		9		
5	8			2	4			
	6		3		5		7	
			7	1			5	9
		5		9	2		4	1
		9	5		7	6		
8		2						3

37

★★

	3		8		6		2	9
	9		4		7			8
4				2		5		
3		4	9				6	
	2			6			4	
	7				5	8		1
		9		3				7
5			1		2		9	
1	4		6		8		5	

38

2				4		8	9	
3	5	4			8			
	7	9	6	5		1		
				1	7			6
1	3						7	8
6			2	3				
		8		7	5	2	3	
			9			6	5	4
	4	1		2				7

39 ★★

9	4		7		3		5	8
		6		8		3		
3			2		1			9
		5	6	3	2	8		
7	3						2	1
		2	8	1	7	5		
6			3		8			2
		4		2		9		
2	1		5		4		8	6

40

8		5				2	9	
1		4		6			3	
7	6		8	9				
		1	6					9
	5	6	2		4	1	7	
3					5	8		
				2	8		5	4
	7			4		6		1
	2	9				3		7

41 ★★

		2	4			6	5	
	9		2	7		4		3
5	3		6					
		7			9		8	1
6			5		4			9
1	5		8			3		
					8		9	7
2		1		3	6		4	
	4	8			2	1		

42

8	7		3				9	1
	4			5			8	
	6	1			7	4	5	
5		2	9	6				
3								9
				4	1	8		2
	3	6	2			9	7	
	2			7			4	
7	5				8		2	6

43 ★★

	7	6		5		1	8	
		9		7		3		
8			1		2			9
	3	7	5		1	9	4	
4			3		7			1
	1	5	4		8	2	7	
7			2		4			6
		2		1		4		
	6	4		3		8	1	

44

		5	1		4			
		1	7	3	8			
		3		6		1	8	4
1			6		5		7	
	5	4				2	9	
	7		9		2			6
2	8	7		5		3		
			8	9	1	7		
			2		3	6		

45 ★★

4					6	5	8	
		1		7	3		6	
2		3	9					1
				6	2	1	7	4
		8				9		
1	2	7	5	4				
3					8	4		7
	9		3	5		8		
	5	4	2					6

46

1	4	5	7					
		9		3			5	2
3	6			9	4			8
			3	6		1		
	9	8				2	6	
		1		2	9			
2			1	4			9	7
8	7			5		3		
					8	6	4	5

47

	4				5		9	8
5	7	9				2		
				3	1			7
		4	7	1		3		6
2			6		8			5
8		7		9	3	1		
7			4	2				
		2				5	6	1
3	8		1				4	

48

		7		8		4		
	4	8			9	5	3	
3		6	2			9		7
			6	5			1	8
6								2
1	7			4	3			
5		1			7	8		9
	6	9	1			2	5	
		4		9		1		

49

6				5	9			3
5	4	8				2	1	9
	2				8		5	
7			5				9	
		4	3		2	1		
	1				6			8
	6		9				3	
1	3	2				9	7	4
8			4	7				1

50

	5		4		7	9		
		7		1				2
	6		8		9	5	1	
	4		2			3		9
	1			8			7	
7		6			5		8	
	7	3	9		8		2	
5				6		4		
		2	1		3		5	

51 ★★

	8				6	5	1	
9			8	7		6		
7		5	2				3	
2	4	1	7	5				
		6				9		
				3	2	4	5	1
	5				3	7		6
		4		1	8			3
	2	8	9				4	

52

			4	2		3	1	
7	2					4		8
	6			1		9		5
		2	1					9
9	3		7		5		8	1
4					8	6		
1		9		5			3	
6		3					7	2
	8	5		7	4			

53 ★★

6		5			8		4	
		8		7	3			9
	9		2				1	3
			6	4		1	9	7
2								5
9	4	7		8	1			
4	7				5		3	
5			3	6		2		
	8		1			6		4

54

6		5		7		2		3
	8	1		3	2	5		
			9				6	
2	4	3			6			8
9								7
8			4			1	3	6
	2				1			
		4	8	6		7	9	
5		8		9		3		4

55 ★★

1	4	7	2					
6	9			8	4			5
		8		6			7	3
		1		3	8			
	8	5				3	9	
			6	9		1		
5	2			7		6		
3			1	4			8	2
					5	9	4	7

56

	5		2		7		9	
2		4	3	5			6	
		3				7	2	
7		1		8	2			
5			9		1			4
			4	3		6		1
	8	7				9		
	1			6	8	3		2
	6		1		4		5	

57 ★★

		8	7				5	9
7	2			6	3			8
			8			2		
1	3				5		6	4
		6		1		7		
4	8		2				9	1
		5			4			
6			1	8			2	5
2	4				9	3		

58

		7	3		9	1		
	6	1	4		8	7	9	
8				1				5
1			9	6	2			4
	3	2				6	1	
4			7	3	1			9
7				9				3
	8	5	2		3	9	4	
		3	1		6	5		

59

★★

3		6		7		9		8
	8		9		1		4	
		4		3		2		
2		3	7		9	4		5
	5		2		3		9	
9		7	5		8	1		3
		1		9		5		
	3		1		5		6	
6		5		2		8		9

60

	6	7				5		1
	8			2		4		3
			1	6			2	9
6			2			3		
	9	3	7		4	2	5	
		1			5			8
4	5			7	1			
3		2		4			9	
9		8				6	7	

61

★★

		6		5	9			
		9		4		8	5	3
		7	3					
3	8		5		7		4	6
2		5				1		8
6	7		1		2		3	9
					1	4		
9	1	8		7		3		
			9	2		6		

62

	1	3	6					2
	5		2			7		
6	2			5	8			9
2		8		3			1	
		4	1		7	3		
	9			4		6		7
1			7	8			6	4
		6			3		8	
9					1	5	7	

63 ★★

4			6			2		
	2	6	3			1	8	
	8		4	5	2		9	
		2			6			5
	5	9				3	7	
1			9			4		
	6		2	7	9		3	
	3	7			1	8	4	
		5			3			9

64

4		6	3	1		5		
					9			2
	5	7		4		3	8	
7	1	9	5				3	
	6						4	
	3				1	7	2	5
	7	2		6		8	1	
1			4					
		8		7	2	9		3

65

★★

	8		4			6		5
1		5		7	9			2
			6				1	
9		4			5	7		6
	3			9			2	
6		2	1			8		9
	5				7			
7			8	2		5		3
4		1			3		7	

66

	1				2	7	5	
8			7	9		1		
6		4	8				3	
				3	4	9	1	5
		2				6		
9	3	1	5	8				
	8				5	3		4
		6		4	7			2
	9	3	6				7	

67

★★

1		3	5			4		
		4	6		3			9
			8	1		2		5
	1			2	5		8	
	2	5				3	6	
	7		3	8			2	
9		2		5	7			
5			4		8	7		
		8			9	1		3

68

7		9		2	3	6		
2			1				7	
3	8		6			4		
6				1		5	2	
	1		3		6		9	
	7	3		9				4
		5			7		1	6
	3				5			8
		4	2	8		7		5

69

★★

8			9	4			5	6
9		1		5		8		7
	3				2			
7	8	3			4	9		
		5				6		
		9	8			4	7	2
			5				4	
1		4		6		7		3
2	9			7	3			1

70

9			3		4			7
	1			9			2	
7		4	6		2	5		9
	6		4	5	8		9	
5		9				3		8
	4		7	3	9		6	
4		6	8		3	2		1
	3			4			7	
1			9		5			3

71

	4	7	3	9				5
	8						2	3
6			1		5			9
	9	5		4	1			
		1	5		8	6		
			7	3		2	5	
8			2		7			6
7	2						4	
9				6	4	7	1	

72

7	1	5				4	6	8
		6			8	7		
	9			6	1		2	
		1	6				3	
5			9		7			4
	8				2	5		
	5		4	3			8	
		9	1			2		
1	4	3				9	5	7

73 ★★

9	5			3			1	6
			4			2		
8		3		7	6			5
	6		7			5	2	9
	8						3	
4	7	9			5		6	
1			2	9		6		4
		7			3			
2	9			8			7	1

74

	5	3		6				9
	4	7					8	2
6		1	7	2				
		9			4		7	
4	6		8		5		3	1
	3		6			2		
				8	7	5		4
8	2					1	9	
1				5		3	6	

75 ★★

				3	7	8		
9					5	2		6
8	6	5					1	
	8	2		6	3		7	
		1	4		2	5		
	9		8	7		4	3	
	1					7	5	4
2		3	7					9
		8	9	1				

76

1					5			4
8	9	4				5	1	2
	3			1	9		7	
	5				7			8
		8	3		4	2		
9			1				6	
	8		2	6			5	
6	2	9				4	8	3
3			9					7

77

★★

2				6				3
3		9			7	6		4
6	1		3				9	8
	7	3		2	5			
		1				8		
			1	9		4	3	
4	2				6		5	9
1		5	8			7		6
7				4				2

78

6		4		8	1			3
3	5			9			8	1
			2			5		
	4		7			8	5	6
	2						9	
8	1	7			5		4	
		1			6			
4	3			2			7	8
7			4	5		2		9

79 ★★

9		8	7	2				
7	3					2	6	
4	5			8		1		
	4		8					2
	8	3	6		5	9	4	
1					3		7	
		9		5			8	4
	2	6					1	9
				6	7	3		5

80

4	7		5	9		3		
		9	7		8	2		
5						7		8
			4	5			6	3
	9		2		6		4	
6	8			1	7			
8		1						2
		3	6		4	9		
		6		3	1		7	5

81

★★

2			4	6		3		7
3		8			9		1	
	7				8			
8		6	3			9		4
	2			4			5	
4		1			7	2		8
			6				3	
	6		5			7		9
5		3		2	1			6

82

		8		7		6		
	9	6			5	4	7	
3		7	6			2		9
5	6			8	1			
	3						2	
			3	9			4	6
8		4			7	9		1
	1	3	2			7	5	
		5		4		8		

83 ★★

		1					5	8
6		2		8		3	9	
			1	9	4			
2			8			5	4	3
	1		9		3		8	
7	3	8			2			6
			3	7	9			
	9	6		2		1		4
5	8					2		

84

2		1		8		6		5
	4		7		2		1	
7				6				2
3		6	2		5	4		7
	2		8		4		6	
4		8	3		6	2		9
9				4				8
	5		6		7		9	
1		4		3		5		6

85 ★★

	4	6	2					3
	5		1			7		
9	7			5	4			2
	2			1		5		8
		1	4		2	9		
4		7		9			3	
3			5	6			8	7
		4			8		6	
8					7	1	2	

86

7			9	4		3	1	
4			6		7			8
9	2						5	
	7	2	3	9				
		8	7		5	6		
				1	6	7	4	
	1						2	3
8			2		3			5
	6	3		8	1			4

87 ★★

6			1	2		8		
	4		8				9	5
8	1	3			7			
7		2		8			3	
	3		4		2		6	
	8			7		5		1
			9			6	5	7
9	7				5		1	
		1		4	3			2

88

				6	3	8		
7	5	2						6
	3				2	9	4	
2			9	1		4		8
		7	4		5	6		
9		5		2	8			3
	1	4	7				3	
6						7	8	1
		8	2	9				

89

★★

6					3		8	5
		4	6	1			3	
	8	1	2					7
9	5	2	1	8				
	3						4	
				7	2	5	9	8
8					7	3	1	
	9			5	6	7		
2	6		4					9

90

		1	2	5		4		6
		7			1		8	2
	6				3			5
7				4		2	6	
	4		1		2		3	
	5	9		3				1
8			9				2	
1	3		6			9		
9		6		8	5	7		

91 ★★

8		1			3	9		7
4			2	1	6			8
		5			8		6	
		2			4		5	
5		6				8		1
	3		6			7		
	7		4			2		
9			7	5	2			6
2		4	8			3		9

92

7		1		2		3		5
8				3				7
	9		7		8		1	
4		3	5		7	9		8
	7		9		2		3	
9		2	3		4	7		6
	5		8		3		6	
6				9				2
1		9		4		5		3

93 ★★

	1	5	9			4	8	
	7			1			5	
4	6				3		9	7
2		7	4	5				
6								3
				8	6	2		1
8	2		7				1	9
	5			9			2	
	9	6			2	8	3	

94

					5		2	
	6	7	1	4		3		
3		9		6		1		8
4	9	5	3					1
7								6
1					4	9	3	2
9		2		7		8		4
		8		9	2	5	1	
	4		6					

95

★★

		2	9					
6				5	7	3		8
7	1			3			6	4
4	2	6	5				7	
	3						8	
	7				6	4	5	9
1	5			8			4	2
9		7	2	4				1
					3	5		

96

9			1	2	6			5
5	4				7		8	1
	1				8	6		
		2	8				1	
3	7						9	2
	6				9	4		
		9	7				2	
6	5		4				3	7
7			9	3	1			8

97

★★

7	1		2				5	
6			5	4				
		4				9	8	2
		5	6	2		7		8
4			8		1			9
1		6		3	7	2		
9	6	3				4		
				7	2			6
	5				9		3	1

98

8	7	3	9					
		5		8			1	9
1	2			7	6			4
		6		3	5			
	3	4				9	2	
			2	4		6		
9			7	2			3	5
4	8			5		2		
					1	8	7	6

99

★★

	7	1				3		4
	4			9		5		2
			6	7			8	9
		2			5			1
	8	5	9		7	2	4	
3			8			6		
4	5			1	6			
2		9		5			3	
6		8				7	1	

100

1		7				8		
9				2	8	4	1	
5			7		1			2
			1	6		3	7	
	4		3		5		2	
	3	9		8	4			
2			4		3			9
	1	8	6	9				3
		5				7		6

101 ★★

		3	4		7	8		
5		1						9
		4		3	1		6	2
4	5			1	6			
	8		9		4		7	
			7	2			4	3
7	6		2	8		3		
2						6		5
		8	6		5	9		

102

6		7		9		3		5
					1		7	
8	2		5	3				6
		2			4	7	3	8
		1				9		
3	4	5	7			2		
4				7	2		1	9
	5		8					
2		6		1		4		3

103

★★

9		2					4	3
				2	5	8	6	
		4		6			1	7
1			7				9	
7		8	2		6	4		1
	3				8			5
6	1			7		3		
	4	7	5	9				
8	5					9		2

104

	2	4	1		9	5	7	
1				2				6
	7		5		3		2	
2			8	4	5			9
	8	3				2	4	
9			2	3	7			5
	3		4		2		6	
7				5				3
	6	1	3		8	9	5	

105 ★★

2	5		1		7		3	8
		7		5		4		
	3		6		9		7	
		5	4	7	6	2		
6	9						1	7
		2	5	9	1	6		
	6		7		5		4	
		3		6		8		
5	4		2		8		6	9

106

	3		8				6	
9	7	8				5	3	4
4			9	7				1
	8		2					7
		4	3		5	9		
1					6		4	
3				2	8			6
8	4	5				1	9	2
	2				1		5	

107 ★★★

				8	1			
	1	7		4	5	2	9	
								4
6				9		3		
		2	4		6	9		
		3		1				2
3								
	8	9	3	7		5	6	
			8	6				

108

					3	7		
5	9			2	8			
1								
	5	9	7			1		
2				9				4
		3			6	9	7	
								9
			9	4			5	2
		6	8					

109

★★★

	1	8		6		4	7	
9		5				2		8
2			4		6			7
		4				9		
1			5		9			6
8		3				6		4
	2	6		1		7	5	

110

3			9		1			6
		8	3		5	9		
	1			2			7	
6	9						2	7
		7				5		
2	5						4	3
	7			1			3	
		3	6		7	4		
4			2		8			1

111 ★★★

		6	5		7	2		
				1				
	5		2		4		7	
	6	7	1		9	5	8	
8				6				1
	9	1	4		8	7	3	
	8		9		2		4	
				3				
		9	8		5	3		

112

				7				
	1		2		5		4	
7			4		8			2
9	7		1		4		2	6
		6		3		4		
8	4		6		2		3	9
5			8		9			3
	9		5		1		8	
				6				

113 ★★★

				6		4	7	
8			1		4			
					8		3	
2	9				5			
	7			4			6	
			8				4	9
	4		3					
			4		2			5
	3	1		7				

114

	8						3	
1			6		7			5
		2	4		8	9		
3	5		8		6		1	9
4	6		2		9		5	7
		1	9		4	5		
8			7		3			2
	7						4	

115 ★★★

4			1		2			9
		6	8		7	3		
	7						1	
8	3		9		5		6	2
1	6		4		8		5	7
	2						9	
		8	7		9	4		
6			5		1			3

116

		4				9		
	5		2		7		8	
	2	8				1	6	
8			4	1	3			9
2			7	9	6			5
	4	3				6	2	
	1		5		8		3	
		2				5		

117

				1	2			
							5	
8		1		9	5	2		4
	7			6				5
4			1		3			7
5				4			1	
7		4	8	3		6		9
	3							
			6	2				

118

	5	2	8		4			
8				7				
	3	7			5			
	1	3	2		9	5	4	
2								3
	4	6	1		7	2	8	
			5			4	9	
				4				2
			9		8	3	6	

119

6		5				8		7
2			7		6			1
	1						9	
		4		9		6		
7			3		1			5
		6		8		3		
	6						8	
8			6		3			4
4		2				5		3

120

	7	6		2		3	4	
8								9
	2		5		7		8	
		7		3		5		
			9		8			
		5		7		4		
	1		6		5		2	
5								3
	6	8		4		1	5	

121

★★★

9			3		7			2
				4				
	1		8		9		7	
8	5		4		1		2	3
		9		6		4		
3	2		5		8		1	7
	8		6		5		3	
				8				
5			7		4			6

122

6	9			8			7	4
5		1				6		2
		2	4		8	7		
4								1
		9	5		1	8		
3		6				4		8
8	2			9			5	7

123

★★★

6		3				1		4
4	8			5			2	7
		5	9		2	4		
1								9
		8	4		1	7		
3	5			4			7	1
2		9				3		8

124

		5				1		
9			5		1			6
	4			3			9	
	5	8	4		7	6	3	
			6		3			
	6	1	2		5	7	4	
	2			7			6	
8			1		4			2
		3				8		

125 ★★★

	2			8	1	4		3
9		1				8		6
				9				
	6	3	9					
	9						6	
					3	9	2	
				1				
1		4				7		9
2		6	7	4			5	

126

7	1						3	9
		2				6		
		4	7		1	2		
	2			3			9	
		3	9		6	8		
	6			8			5	
		5	4		7	1		
		9				5		
6	8						4	7

127

★★★

	3						1	
	9		7		1		4	
7		2		6		8		5
		3		5		2		
			6		4			
		9		1		3		
1		7		4		9		8
	6		5		8		2	
	5						3	

128

2		4	3		5			
7		8	4		6			
	5			2				
8		3	5		1			6
	4						9	
6			8		9	3		4
				5			6	
			1		4	2		3
			2		7	9		5

129 ★★★

9	6	3		5				2
			2	6				7
					3			1
	5					3		
8		9				4		6
		2					1	
5			8					
7				4	2			
3				1		2	8	9

130

2		7		8		4		3
	5						6	
6			3		1			8
		2		3		1		
			6		5			
		1		7		3		
8			1		4			9
	7						1	
1		9		2		6		4

131

			7	1	4			
7	9		3		2		4	1
1								5
6	8		2		9		7	4
	7						2	
4	2		6		1		8	9
9								3
2	1		5		3		9	8
			9	2	8			

132

		1	8	9	5	2		
6		5	2		1	7		3
	5	6	1		7	9	2	
	9						7	
	1	3	9		4	6	8	
1		9	4		2	8		7
		7	5	8	9	1		

133

★★★

	9		8		3		5	
		3				4		
2			4		6			3
6		4	1		2	9		7
5		9	7		4	1		6
1			5		9			8
		8				2		
	6		3		7		1	

134

		8			2			
							7	
				3	9		4	5
		7	8			5		4
	6			5			3	
8		5			1	2		
4	3		5	6				
	5							
			9			1		

135

	3			9			8	
1								4
		6	1		4	3		
6	9		5		8		4	7
			9		6			
5	8		4		2		6	1
		2	8		1	7		
7								9
	6			5			2	

136

	2						3	
8				6				7
		5	2		3	8		
6	5		9		7		1	3
			6		5			
7	9		3		4		2	5
		4	7		2	1		
5				9				4
	1						6	

137

★★★

	4				5			
	3			9		5	1	7
	6		7	8				
		4						3
1	5						2	8
7						9		
				2	7		6	
3	1	2		4			7	
			3				9	

138

	1	2						
7					1			9
	4	6		7	5			
1					8			
		7		4		3		
			9					2
			4	3		7	6	
8			5					3
						4	1	

139 ★★★

	1		8		7		6	
		2				3		
9			2		4			8
		6	5	9	8	4		
	5						9	
		4	6	7	1	8		
2			7		5			4
		1				7		
	7		9		6		3	

140

		3	6		9	5		
				8				
6			5		2			1
2		1	9		4	3		5
	6			7			8	
9		4	3		8	1		2
4			8		5			7
				9				
		9	4		7	2		

141

★★★

8		7		2	6		1	
				4				
2		4				5		6
			9				7	5
	5						8	
9	8				5			
4		5				8		3
				5				
	7		4	3		9		2

142

		9		2		4		
2			7		1			6
	3		8		5		9	
	8	5				9	1	
6								8
	4	2				7	6	
	6		9		2		5	
9			3		8			2
		3		7		1		

143 ★★★

3		1	4		8	9		6
9			6	3	5			1
6	4		1		9		5	2
	1						6	
2	3		8		6		9	7
4			5	6	3			9
1		7	9		4	2		5

144

5		8		3		1		2
		6	2		7	8		
	8	5				3	6	
6	9						1	4
	4	3				2	7	
		2	6		1	4		
3		9		5		6		7

145 ★★★

	1	5						9
4			9				2	8
	2		3			6		
			6				3	
		7				2		
	8				7			
		9			1		6	
8	3				6			1
1						5	4	

146

	6	8	3		1	5	4	
		3	2	9	5	1		
3		9	1		8	4		5
8								9
2		4	9		7	6		1
		1	5	2	9	8		
	8	2	7		3	9	1	

147

		6						
					4			3
	5	2		9	7			
4					1		3	5
		9		5		8		
5	2		3					6
			5	8		9	2	
1			7					
						5		

148

2			7		9			1
	9						5	
		6	5		4	8		
	2	5	6		7	9	3	
	1	7	8		3	4	2	
		2	3		5	1		
	4						8	
7			9		8			6

149

★★★

		1				8		
5			8		6			1
6	3						9	5
	8			4			5	
3			6		2			7
	6			1			8	
7	1						3	8
2			7		8			9
		4				2		

150

			2	8				
6								
	3	9	4	6		2	1	
	5			9				7
	9		7		6		3	
3				2			5	
	4	7		1	5	8	9	
								5
				7	8			

151 ★★★

9								1
	8		7		5		2	
		4	3		9	5		
2			5	4	6			3
	6						4	
3			8	7	2			5
		9	6		7	3		
	7		2		4		1	
8								7

152

		4	6		7	2		
1		2		8		5		6
	2	1				8	4	
4	9						5	3
	3	8				6	7	
8		9		1		4		7
		6	4		5	3		

153 ★★★

			5					1
6	5	9		3				7
				7	4			6
	3					4		
8		2				1		5
		4					6	
4			6	2				
7				1		9	8	4
3					8			

154

7			8	3			2	
		3			6			
				5			8	4
					1	6		
	9			4			5	
		2	3					
8	5			9				
			7			1		
	4			1	5			9

155

	9						7	
2		3				4		8
	7		4		8		1	
3				2				7
	5		3		9		2	
6				5				9
	8		1		4		6	
1		4				9		5
	6						3	

156

	7						5	
	9	2		4		8	3	
		3	7		5	6		
			9		6			
	5						9	
			4		8			
		4	1		9	3		
	1	9		6		7	4	
	8						1	

157

★★★

8	7							6
			3	8			1	
5	4		6					9
					6		9	
	5	6				2	4	
	2		7					
2					7		8	4
	3			6	8			
6							3	2

158

1	9						6	4
		3				7		
		2	1		9	3		
7				5				8
		4	7		6	5		
3				4				6
		8	9		2	1		
		6				8		
5	7						9	2

159 ★★★

2								1
1	6			4			3	9
	9		6		1		7	
			2		9			
5								6
			4		6			
	7		5		3		4	
6	8			9			2	7
3								5

160

	2	7				8	5	
				5				
3			7	8		6	1	
			2			4		6
6								2
1		2			4			
	4	8		9	5			1
				2				
	6	9				5	2	

161 ★★★

			7		1	5	6	
			5			4	2	
				2				1
	5	7	8		6	3	4	
4								6
	6	1	2		3	7	9	
6				7				
	7	8			5			
	4	9	1		8			

162

1		2		5				
		4						8
					3		9	
2			7				6	
7		5		1		2		9
	8				9			4
	7		6					
5						1		
				2		4		3

163 ★★★

9			3		7			1
	8						5	
3	1						4	2
		1	8	4	6	5		
		3	7	5	2	9		
8	6						2	3
	3						9	
4			9		1			6

164

				4	3			8
8	2	6		9				7
			2					1
	3					8		
5		9				4		2
		8					1	
9					5			
7				1		6	5	3
3			8	7				

165 ★★★

2		9		7				
					5		6	
3						4		
		2	8				1	
7		8		3		6		4
	5				6	7		
		1						2
	8		9					
				4		3		7

166

	8		4		6		3	
7			8		2			1
		5				4		
		8	7	2	1	6		
3								9
		6	9	3	8	7		
		2				1		
5			3		7			2
	6		2		9		4	

167 ★★★

			4	2	1			
6	2		5		7		4	8
	7			8			1	
1								2
	5						9	
7								4
	9			4			5	
4	6		9		5		3	7
			6	3	8			

168

		8				2		
9	6						5	3
		2	5		3	1		
6				9				2
		7	6		8	9		
4				7				8
		3	1		5	4		
1	5						8	7
		4				6		

169 ★★★

		4	9			2		
				2			1	7
							6	8
			4			5		1
7				1				2
5		6			3			
1	6							
8	9			7				
		7			6	3		

170

4			5		1			9
5	7			4			3	8
		9				2		
	1			5			8	
			9		2			
	5			3			1	
		1				3		
7	9			8			6	1
6			1		7			4

171 ★★★

8		3			6		1	
		4		1				8
	7					9	2	
7	8		5					
					8		9	6
	2	7					3	
9				5		4		
	6		2			7		1

172

6			8	9				
8				5		7	9	1
3					7			
	3					8		
9		2				1		4
		7					5	
			4					5
1	4	8		3				7
				2	8			6

173 ★★★

				2		8		3
		6	3	7				9
	7				4			
					5		4	
1				8				2
	9		7					
			6				5	
8				5	2	1		
2		3		1				

174

	1		6		7		3	
		4		5		1		
2			9		8			5
	8	1				7	6	
6								2
	2	9				5	4	
5			3		6			1
		8		9		3		
	7		1		5		2	

175 ★★★

				1				
8		7				1		2
9		5	2	8			3	
1	3		5					
	7						1	
					1		7	5
	4			9	6	3		7
6		1				2		9
				2				

176

8		5				7		6
		7	5		1	2		
	2						1	
1				3				7
		8	9		5	4		
5				2				1
	3						9	
		9	1		4	6		
2		4				1		8

177 ★★★

				6	4	7		
	6	5					1	
	3	2			1		8	
		9			5			
1		3				2		9
			1			8		
	9		5			6	2	
	1					4	9	
		4	6	1				

178

		6	1		4	7		
3	5						1	4
		2				6		
	3			5			6	
		8	2		3	5		
	9			8			2	
		9				3		
4	7						8	2
		1	4		7	9		

179 ★★★

	8		5		7		3	
		7	1		3	9		
1				2				6
3		9				6		2
	6						5	
5		2				7		4
6				1				7
		4	8		2	1		
	7		6		9		4	

180

1		6				2		9
	8	5				6	3	
			9		1			
	3		8		6		7	
			2		9			
	1		4		7		5	
			3		5			
	2	4				5	1	
5		8				3		4

181 ★★★

				7				
		2		5	9		3	1
8	9						5	7
	8	1	4					
		3				8		
					8	3	4	
3	6						7	8
4	5		7	6		1		
				8				

182

		3	8		2	5		
7			5		3			4
				4				
6		2	4		5	7		1
	8			3			9	
1		7	6		8	4		5
				8				
2			9		4			6
		1	2		7	9		

183 ★★★

7		9		1				
	1		3				5	
6		4						
					2	8	6	
		1		7		9		
	8	7	5					
						7		6
	2				6		9	
				9		4		3

184

	6				8			
	4			3		2	9	8
	9		5	4				
		5						3
	8	6				1	7	
9						5		
				1	9		5	
7	5	2		6			4	
			7				3	

185 ★★★

				6				
7		1		2	9		3	
2		4				6		9
			6				4	1
	4						6	
6	3				1			
8		6				9		7
	5		8	7		3		4
				9				

186

1							8	7
	6			9		2		
	8	3			7			5
					9	8		4
2		5	4					
3			5			4	1	
		4		3			6	
7	2							8

187

★★★

				6				
	8		3		1		4	
		9	8		4	3		
	7	6	1		2	4	5	
2				9				6
	9	4	6		7	8	2	
		7	2		8	5		
	2		7		3		1	
				5				

188

					6		9	
		3				8		
		4	9	1		7		
3		5		6				
8		2	3		7	4		6
				2		9		8
		1		7	9	5		
		7				6		
	2		1					

189 ★★★

	7	3		6	4			1
				5				
	9	6				4	5	
1		5			7			
9								5
			5			7		9
	5	2				3	4	
				4				
8			2	3		9	1	

190

			1		8	9	2	
				2				1
			3		9	5	4	
	9	8	7		5		3	
7								9
	3		6		1	8	5	
	8	2	9		6			
3				1				
	1	7	4		2			

191

★★★

		5		6		3		
4								2
	7		2		4		5	
1		3	9		2	7		4
			7		6			
7		6	3		1	2		8
	9		4		3		8	
8								6
		7		1		9		

192

						5	9	
			5	1		4	8	
3			6					1
			2					7
		4		5		1		
9					3			
4					9			2
	5	8		4	6			
	9	7						

193

★★★

			8	1	2			
	1						4	
5	8		7		3		1	2
9	6		3		5		2	8
8								3
3	2		6		1		5	9
1	3		4		7		9	5
	5						7	
			5	3	9			

194

	3	2		4		7	1	
		7	3		5	9		
5		3				4		6
2	6						9	8
9		4				1		7
		6	9		2	3		
	5	9		1		8	4	

195 ★★★

		4		9				6
	2					1	7	
6		8			5		9	
2	6		3					
					6		1	5
	5		7			2		9
	7	2					8	
1				3		4		

196

	5		3					
				1		6		8
		2						9
		9	5				2	
8		5		6		7		1
	4				7	8		
6						1		
9		3		8				
					4		7	

197 ★★★

		4	3		5	8		
	9		7		8		1	
5								6
1			8	4	2			3
	2						4	
3			9	7	1			8
9								7
	7		1		4		6	
		5	2		7	3		

198

4								6
2		1	6		3	4		9
			9	2	4			
7		9	4		2	5		8
		5				2		
8		2	1		7	9		4
			8	1	5			
5		4	2		6	8		1
1								3

199 ★★★

				4		3		
			8		6		7	2
			3		9		6	4
6	9		1		7			8
		1				6		
8			5		3		9	7
3	1		2		4			
9	4		6		5			
		8		3				

200

9	6						8	7
			8		9			
	7	3				2	9	
		2	7		5	9		
			3		1			
		8	6		4	5		
	9	6				8	4	
			1		2			
2	4						3	1

201 ★★★

		4	3		5	2		
	9			6			4	
2								8
9	8		5		6		1	2
			9		8			
6	5		4		1		9	3
3								1
	7			8			5	
		9	1		3	7		

202

		3	1	8	5	7		
	6	2	3		7	5	9	
3		8	7		2	9		5
2								8
1		9	8		4	6		7
	2	1	4		3	8	7	
		7	5	1	8	2		

203 ★★★

		4			6		1	8
3				7			5	
	1	6				9		
1		2			7			
			2			3		4
		1				6	3	
	5			8				2
2	9		4			8		

204

	3		4	1	2		8	
	4	8	5		6	3	1	
8	7		6		4		9	1
4								3
2	9		3		8		4	5
	2	9	8		5	7	3	
	8		2	4	1		5	

205

★★★

		6	8		2	7		
				3				
2			6		5			8
1		8	3		4	2		7
	3			7			1	
9		2	5		1	3		4
5			4		6			1
				9				
		9	1		8	4		

206

		9				6		
1		3				7		2
4			1		8			3
	1		8	6	2		4	
	3		9	7	5		6	
7			4		3			5
9		5				2		1
		1				4		

207 ★★★

							5	3
		4			3	6		
				6	8		7	1
		5	4					
	9			1			6	
					2	3		
7	6		1	9				
		9	8			2		
3	1							

208

				1				
	7	6				1	4	
	5	9		7	4			2
			1				9	6
6								1
2	1				9			
3			8	5		2	6	
	8	1				4	5	
				4				

209

★★★

7	2	3		5			6	
					3		1	
			8	6			2	
8						2		
4	9						3	1
		5						8
	8			4	2			
	5		9					
	6			1		9	8	7

210

9			8		7			4
	6		3		2		8	
		8				2		
	3	2	6		5	9	1	
	4	9	2		1	5	3	
		7				6		
	5		9		4		7	
3			1		8			5

211

★★★

		7		2		3	5	8
		3	6	4				
		1			8			
	3							6
	4	8				9	2	
1							3	
			9			2		
				7	3	6		
9	5	6		1		7		

212

		9			6	8		
4	1			9	5			
6	2							
			8			2		
	9			4			3	
		6			7			
							4	6
			4	3			9	1
		7	5			3		

213 ★★★

							1	
				7	1	8	5	
6					2			
1		8			4			9
	5			1			7	
3			6			4		1
			3					4
	8	1	2	5				
	9							

214

2			3		7			5
		7	2		8	3		
				1				
7		6	8		4	9		1
	1			5			4	
3		4	1		9	5		7
				6				
		8	9		2	4		
6			4		3			9

215

★★★

7					5			
				1		2	6	
	4		2	7		9		
9			7					
		3		6		1		
					8			5
		6		8	1		3	
	2	1		3				
			4					8

216

					1			5
	2					9		
	7	4		8				
		7	3					6
	8	3		4		5	7	
9					5	2		
				7		1	2	
		8					4	
3			6					

217 ★★★

		5	1	9			8	2
7	1						9	4
				7				
			2			5	7	
		7				4		
	2	4			7			
				1				
1	8						6	7
5	4			8	6	3		

218

				4				
	4		3		7		6	
5			8		6			7
7	3		6		9		2	1
		9		1		7		
4	2		7		5		9	6
2			5		8			3
	8		2		3		1	
				9				

219 ★★★

		4		6		1		
9			3		1			8
	3		8		5		2	
8		7				5		6
	5						4	
4		6				3		9
	7		9		4		8	
1			6		2			7
		8		1		4		

220

8								6
			9				4	
3				6	5			9
5		1		4				
7		8	2		6	1		4
				8		2		3
6			5	9				7
	5				8			
1								2

221

★★★

9								8
6			8		7			4
	1	7		2		5	3	
	6			8			9	
			4		2			
	9			5			1	
	7	8		4		3	6	
2			3		5			1
5								9

222

			8		6	3		5
			2			8		1
				1			7	
3		1	9		4	6		7
	7						5	
5		9	7		8	1		2
	6			4				
4		5			2			
7		2	6		1			

223

★★★

	6						1	
3			6		7			2
5	2			8			6	7
			7		8			
	7						9	
			2		1			
1	3			2			7	4
8			5		9			3
	9						5	

224

7								1
2	1						8	6
	6		9		7		4	
		3	6	4	8	9		
		7	2	3	5	1		
	9		5		1		7	
4	2						1	9
3								8

225

★★★

		6		7		5		
1			3		4			6
	4						3	
	1	7	5		9	3	8	
			1		7			
	9	5	2		3	1	4	
	8						7	
2			4		5			8
		1		9		2		

226

1					5	4		2
		5			1		7	
	9	8						1
					6	2		
	3						6	
		4	5					
7						1	9	
	5		4			3		
2		3	7					8

227 ★★★

5								7
			7	4	6			
6		7	8		5	3		4
1		2	4		7	6		9
		4				2		
7		6	9		3	4		1
3		1	5		4	7		2
			2	3	1			
8								3

228

9		4		2		7		8
5			6		3			4
		6				3		
			5		7			
		7				6		
			9		2			
		1				9		
4			7		1			2
3		2		5		1		7

229 ★★★

	5	2				4	9	
				5				
8				4	2	3	6	
9		6	5					
5								9
					6	5		8
	8	9	1	3				7
				2				
	2	3				1	5	

230

		5			9			
	6						1	
	9		3	6			2	
4	2			1				
8	5		6		4		7	1
				5			3	8
	7			9	3		6	
	4						8	
			1			3		

231

★★★

8								4
		7	6		4	2		
	4		8		5		9	
2	3		1		9		5	8
1	5		3		8		7	2
	6		7		2		1	
		1	4		3	5		
9								6

232

4			3	8				
2					9			
8				1		9	5	4
		4					3	
9	2						7	6
	3					1		
3	5	6		2				8
			6					1
				7	4			3

233

★★★

5			6		3			7
3	1			8			5	6
		6				2		
	6			4			8	
			1		9			
	4			2			6	
		1				9		
4	3			7			2	8
7			4		6			1

234

9		3	6	1				
			4				2	
		6						
	5		7				6	9
		1		6		3		
7	6				2		8	
						5		
	7				8			
				3	4	9		6

235 ★★★

			8		9			
	9	3				2	4	
4	8						6	9
		9	4		7	3		
			2		1			
		7	6		5	8		
1	2						5	3
	5	8				6	9	
			1		3			

236

	9	2		7		8	3	
		3	2		8	6		
8								4
	8			1			7	
			5		9			
	1			4			8	
9								5
		6	8		1	9		
	2	1		6		7	4	

237

		7				1		
4	1			5			6	9
	3		1		6		4	
5				2				1
			9		8			
1				7				2
	9		2		1		3	
7	5			3			2	6
		8				9		

238

		2	8		4	3		
	7		9		5		1	
5								8
3	9		6		7		4	2
6	8		4		1		5	3
7								9
	2		5		6		3	
		1	7		8	4		

239

7			9		6			5
	4		8		2		1	
		3		1		7		
4		8				1		3
	9						4	
2		7				6		9
		2		8		5		
	1		5		9		7	
6			7		1			4

240

|

	8				1		
	6		1		3		2	
1			5		4			7
		2	4	1	8	9		
3								5
		4	3	5	9	2		
8			9		1			4
	5		6		2		9	
		6				7		

241

★★★

	5						6	
	7		8	5			4	
		1			7			
9	4			6				
3	1		5		9		2	6
				1			8	3
			6			8		
	2			7	8		5	
	9						3	

242

	6	8				1	3	
7								2
		2	1		8	4		
	1			7			5	
		3	2		9	8		
	9			6			1	
		5	9		1	6		
6								1
	3	9				5	4	

243 ★★★

	5				6			
						4		
				7	9	8		3
5	3				1		6	
		2		3		7		
	4		5				3	8
8		7	3	2				
		3						
			9				1	

244

7								8
4				9	2			1
		2	3					
				3			8	6
1	3		4		8		7	5
2	7			5				
					9	5		
6			2	4				9
3								4

245

★★★

				3	9	5		4
						8		
	6				7			
6	4				2		7	
		1		4		3		
	8		6				4	5
			9				2	
		4						
5		3	4	1				

246

8		5		4	2			
7								
					1		6	
	5	8	6				7	
4				5				9
	1				3	6	5	
	3		2					
								5
			5	9		8		4

247 ★★★

	3			1				
6		4	7		8			
5		1	6		9			
4		8	2		5	3		
	5						8	
		3	1		7	2		4
			4		1	6		8
			8		3	9		2
				6			1	

248

	2						4	7
9			3	4				
	6		2				1	8
			7					5
8		5				2		1
6					2			
4	8				7		5	
				2	4			3
3	5						2	

249 ★★★

	7				1			
9			7	5				3
2								4
7		2		6				
3		1	4		9	2		6
				1		4		8
1								9
8				9	7			5
			5				6	

250

			3			6		
8				5	6			4
9								1
2	9			3				
7	1		4		9		3	8
				7			1	6
4								3
5			6	4				2
		7			5			

251

★★★★

8			3		6	7	9	
		6				5		
1			5	8				
					2		5	3
		2				1		
6	4		1					
				3	5			9
		7				3		
	5	1	9		4			2

252

9			5	8				
8			6		3	2	1	
		3				5		
					4		5	6
		4				9		
3	7		9					
		2				6		
	5	9	1		7			4
				6	5			1

253

							6	
					3			
	4			7	8			
7						8		3
6				2				5
9		1						4
			6	5			9	
			1					
	8							

254

			1				6	
5						3		
7		2		3				9
			7		6		9	
3				5				7
	8		4		3			
8				7		5		2
		1						8
	4				9			

255

★★★★

2			5					
	5			7		8	1	
		3					6	
			2		3			5
	3			6			7	
9			7		4			
	1					9		
	7	6		3			8	
					8			4

256

		2		8				3
4			1					
1	5		7				4	
8		5	2					
	6						5	
					4	9		1
	8				7		6	2
					3			9
5				6		4		

257

★★★★

			6			7		5
7			8					
2	8			1			6	
9			5			8		3
		4				6		
6		8			1			7
	9			5			2	1
					3			8
4		1			9			

258

		5						1
			2					
			9	7	3			
7	2							
8				6				3
							4	5
			1	8	4			
					5			
9						7		

259

★★★★

3		4			2			
	2			9			6	4
					8			7
2			9			7		8
		3				1		
1		7			4			5
5			7					
6	7			4			1	
			1			5		9

260

		6			9	7		
8	1							
		4			5			3
7	3				1	2		
			4		7			
		2	3				7	9
1			8			3		
							9	8
		8	9			4		

261

★★★★

5					8			3
3	6				7	4		
	7		1			2		
6	9							
		4				1		
							8	7
		7			3		1	
		3	4				2	5
2			8					4

262

		5	6		9			
	7					3	8	
							2	5
				4				1
		6	5		2	7		
4				1				
1	8							
	2	3					6	
			8		4	5		

263 ★★★★

		9	8					
4		6						2
5				7			3	
	6			3			7	
			9		8			
	8			4			1	
	3			2				5
7						4		6
					9	3		

264

	9	7				2		
			6		1		3	
8		1						
6				8				
	2		7		3		4	
				6				8
						7		3
	3		5		2			
		4				1	9	

265 ★★★★

	8		4	1				
							6	
			5					
9						5		8
1				3				4
2		6						7
					2			
	4							
				7	6		9	

266

7		3		5		9		
		9						6
					8		1	
	8		5		2			
		5		7		4		
			1		4		9	
	2		6					
4						7		
		8		4		5		3

267 ★★★★

			2		8	3		
3	7							
	9	4					5	
				1				6
		5	7		3	8		
1				6				
	8					4	7	
							9	1
		3	6		9			

268

					1			
		9					2	
			5	4	7			
							9	3
	8			6			4	
7	1							
			2	9	8			
	5					1		
			3					

269 ★★★★

		9	8					
2		5		7				6
			6			4	5	
		3	5			1	9	
	1						4	
	9	8			7	6		
	3	7			1			
1				5		2		9
					9	3		

270

	5							
			2					
			8	9			6	
2		6				1		
		8		4		9		
		3				7		5
	1			3	5			
					7			
							8	

271 (★★★★)

	7	3			5			9
		5	1					4
	8				6		7	
						6	5	
9								1
	3	2						
	4		6				9	
5					7	1		
7			9			4	8	

272

	4			1			2	6
		8			4			
5							9	
		3	7		1			
	5			9			1	
			5		8	4		
	2							3
			6			7		
9	1			5			6	

273

★★★★

		8		2		3		7
	4				8			
1						6		
	5		9		2			
		3		7		2		
			3		4		1	
		7						2
			5				9	
8		6		3		5		

274

3	1		8			2		
	2			6			8	
		7	2					
					3		5	9
		8				6		
1	5		7					
					4	3		
	3			2			6	
		9			1		7	4

275

★★★★

	3							6
		9	5					
2				3			1	7
		2	7		9			
7				6				3
			8		3	4		
1	6			7				4
					2	8		
4							5	

276

6		5				1		
9					8			
		3		4			9	
	1			9			5	
			8		2			
	7			6			2	
	9			1		3		
			2					8
		4				6		5

277

★★★★

2							7	
			8			3		
9	4			5				8
		7	3		9			
5				4				9
			5		6	1		
1				9			8	2
		6			1			
	5							4

278

	2				3		6	7
9				1		8		
					7			2
					8	6		1
	6						4	
7		5	2					
5			9					
		2		4				6
8	4		3				1	

279

★★★★

	5			2	7			
	4		5		3	7		6
2								1
	2	7			4			
6								4
			6			3	8	
7								8
1		5	2		8		9	
			7	9			6	

280

3						4		5
		2	6		7			
							2	8
	9			1				
		7	8		2	3		
				9			1	
5	1							
			9		5	2		
8		4						7

281 ★★★★

8							2	9
	1		6		7			
						3		6
		3		7				
	5		1		9		8	
				3		7		
9		1						
			8		4		1	
6	2							5

282

		2	8					
	7	9	6				4	
5				7		1		
					9	4		1
	1						7	
2		3	5					
		8		4				9
	5				6	3	1	
					3	5		

283

	2				3			
					6	9	5	
8	9			4				6
	1				9	2	7	
		7				5		
	3	2	4				6	
7				9			8	2
	4	1	7					
			2				1	

284

1				6		8		3
	8	7	1					
			4			9		
		1			6	4	9	
	7						5	
	9	5	8			2		
		2			9			
					5	6	2	
9		3		8				5

285 ★★★★

	2		4					7
	9		1				5	
6		3						
5		7	3				8	
			5		2			
	8				7	5		1
						1		6
	6				1		2	
3					6		7	

286

	1							5
		7			8			
5				9			4	6
			9		3	8		
2				4				9
		5	7		2			
9	6			2				8
			1			3		
4							2	

287

★★★★

			6			1		
1			7			6		3
		9		8			2	
			2			8	3	
3								4
	5	6			1			
	1			4		3		
4		2			7			8
		5			9			

288

	4		9		2			
		3				8	6	
						7		4
1				5				
	9		4		7		3	
				1				5
5		8						
	6	7				9		
			8		1		4	

289

4		7			6		5	
1				3				2
	2				7			
			4			6		8
	1						9	
8		5			2			
			3				4	
9				1				3
	3		9			2		6

290

7								1
		2	7		6		3	9
		5		2	1			
	4	7			5			
8								5
			8			6	1	
			1	6		3		
5	1		4			3	8	
9								6

291

	7						9	
				8	7	3		
4	2		9		5	8		
7		5	6					
	3						6	
					3	9		1
		6	1		4		3	7
		4	7	5				
	5						2	

292

3								
			8	6				2
					3		6	7
	4			5		8		
	3		2		6		1	
		9		3			4	
2	9		7					
7				1	5			
								1

293 ★★★★

	8			4				6
		3	1					
	9	5					2	
5				6				4
			3		1			
1				9				7
	4					9	5	
					3	6		
6				2			8	

294

5	1	7						
8			7		4			
		4	9	5				
				2	5	6		
	7						3	
		2	1	4				
				8	9	3		
			6		3			5
						4	9	1

295 ★★★★

	7				5			3
						9	2	
4					1			8
6					9	7	4	
			3		4			
	1	4	7					6
3			1					2
	2	1						
7			2				9	

296

	3		7	5				
9			3		6			
4	2	7						
				2	4		8	
		3				1		
	6		9	8				
						4	1	9
			2		1			5
				9	7		2	

297 ★★★★

9			6	4				
								7
			8					
	2					8	9	
	4			5			6	
	1	7					3	
					1			
6								
				3	7			2

298

			8	9				1
					2			
	9					7		3
		6		1				5
		9	5		6	1		
3				7		2		
7		3					5	
			4					
4				5	8			

299 ★★★★

6	4		1					
								1
9				4	7			
	3			1		5		
	2		4		9		1	
		7		8			3	
			8	2				6
2								
					6		5	9

300

4	9		8					
	6			9				
	3	5						
7		9	6			2		
3			4		8			5
		4			3	1		7
						3	6	
				1			7	
					2		4	1

301

★★★★★

		4	6					7
				5			9	8
								1
		3			7			
8				9				5
			4			2		
9								
1	6			8				
4					3	7		

302

				8			3	1
	9						6	5
		2	6					
			4			6		
7				3				8
		5			2			
					9	4		
3	6						7	
8	1			7				

303

★★★★★

1			5					2
							4	
				2		3	9	
			7					6
5	9			4			2	3
8					1			
	3	4		9				
	6							
9					8			7

304

						7		
		4	3					2
	8		9		5			
9								3
		7		8		6		
2								1
			4		2		5	
6					7	8		
		1						

305

★★★★★

	3					9	5	
			3		7			4
4		9						
		5	6	1				
9	6						4	5
				8	9	1		
						4		6
7			1		2			
	2	6					1	

306

	3		4					5
2								
			7		9	1		
	8						6	
4				5				3
	7						2	
		5	1		8			
								4
9					6		7	

307 ★★★★★

	2				5			
		3				8		1
				4		9		6
					2		3	
6				9				4
	8		7					
1		5		6				
9		8				4		
			8				7	

308

		1	8		5			
						3	7	
8	3							5
	9			5	3			
3		6				9		7
			6	2			5	
4							6	9
	6	7						
			1		4	7		

309

★★★★★

	3	7		2			4	5
							6	
		1	8					
			9			7		
	4			6			2	
		3			1			
					3	9		
	7							
6	5			4		3	7	

310

								7
				6			5	
	8	4	9		1			
						1		
6				3				2
		9						
			4		8	9	2	
	2			5				
3								

311 ★★★★★

3						6		
5					3			
		7		2	9		8	
			4					
		8				9		
					5			
	7		8	6		1		
			1					4
		2						3

312

4					5			
						3		
				8		7	6	4
3			4					
		2		6		8		
					1			5
1	7	8		2				
		6						
			9					1

313 ★★★★★

			5					4
	3							
4	9	2		6				
					4			8
	6			3			9	
1			7					
				9		3	2	7
							1	
7					8			

314

			7		1		6	
		9						
8					3	5		
1								9
		3		5		8		
2								4
		7	4					1
						3		
	5		2		6			

315

★★★★★

8		5			4			3
		2	7				8	
1								4
		3		9	2			
9								5
			1	6		8		
7								2
	6				5	9		
2			3			1		7

316

				1		9	3	
8				6	5			
						7		
6			8					
5		9		7		1		3
					2			4
		4						
			6	4				2
	7	3		9				

317 ★★★★★

		8	1			3	6	
3					2		4	
		1				9		
			4	7			8	
		6				7		
	3			5	9			
		4				2		
	7		6					5
	9	2			8	4		

318

9								
	6		5	7			4	
3		2		6				
	5		4					
6				9				1
					8		7	
				1		9		6
	8			3	2		1	
								3

319 ★★★★★

5	8			6		7		4
	3				8			
								5
	5		3					
1				7				6
					2		8	
7								
			9				2	
6		4		1			5	8

320

		5		1	9	8		3
		2					1	
	8							
6	5			3				1
				7				
8				4			7	5
							2	
	9					1		
3		1	4	5		6		

1

6	4	8	2	7	3	5	9	1
7	2	9	1	4	5	6	3	8
5	1	3	6	8	9	2	7	4
8	6	5	4	1	7	9	2	3
9	7	1	3	2	8	4	6	5
2	3	4	5	9	6	8	1	7
1	9	6	8	3	4	7	5	2
3	8	7	9	5	2	1	4	6
4	5	2	7	6	1	3	8	9

2

3	9	6	1	7	8	4	2	5
4	2	7	5	6	3	9	1	8
1	8	5	2	9	4	3	6	7
6	1	2	8	5	9	7	4	3
7	5	3	6	4	2	1	8	9
9	4	8	3	1	7	2	5	6
2	6	1	7	3	5	8	9	4
5	3	4	9	8	1	6	7	2
8	7	9	4	2	6	5	3	1

3

3	5	7	6	9	4	2	1	8
1	2	9	8	5	7	4	3	6
8	6	4	3	1	2	7	5	9
5	8	3	9	7	6	1	4	2
2	9	1	4	8	3	6	7	5
7	4	6	1	2	5	9	8	3
4	3	5	7	6	9	8	2	1
9	1	2	5	4	8	3	6	7
6	7	8	2	3	1	5	9	4

4

2	6	5	1	3	8	7	9	4
9	8	7	5	4	6	2	3	1
4	3	1	2	9	7	8	6	5
8	2	3	6	5	4	9	1	7
7	1	9	8	2	3	4	5	6
6	5	4	9	7	1	3	2	8
1	4	6	3	8	2	5	7	9
5	7	2	4	6	9	1	8	3
3	9	8	7	1	5	6	4	2

5

3	1	7	8	9	4	6	2	5
2	4	8	5	1	6	9	7	3
6	5	9	7	2	3	1	8	4
9	6	1	4	8	5	2	3	7
7	2	4	3	6	1	5	9	8
5	8	3	9	7	2	4	1	6
1	3	2	6	4	8	7	5	9
4	7	5	1	3	9	8	6	2
8	9	6	2	5	7	3	4	1

6

2	6	4	9	7	3	5	1	8
5	7	3	1	4	8	9	6	2
8	9	1	5	6	2	3	4	7
1	2	6	4	8	5	7	3	9
4	5	8	3	9	7	6	2	1
9	3	7	2	1	6	8	5	4
7	8	5	6	2	1	4	9	3
6	1	9	7	3	4	2	8	5
3	4	2	8	5	9	1	7	6

7

7	8	5	4	2	9	6	3	1
4	1	3	6	5	8	9	7	2
9	6	2	7	3	1	8	5	4
5	2	9	1	7	6	4	8	3
6	4	8	3	9	5	2	1	7
1	3	7	8	4	2	5	6	9
8	7	4	2	6	3	1	9	5
2	9	6	5	1	7	3	4	8
3	5	1	9	8	4	7	2	6

8

9	2	1	6	5	7	3	4	8
3	7	8	4	2	9	5	1	6
6	5	4	8	3	1	2	9	7
4	6	3	1	8	2	9	7	5
8	9	5	3	7	6	4	2	1
7	1	2	9	4	5	6	8	3
2	3	7	5	9	8	1	6	4
5	8	6	2	1	4	7	3	9
1	4	9	7	6	3	8	5	2

9

8	9	5	7	2	3	1	4	6
6	3	4	8	1	9	2	5	7
7	2	1	4	6	5	9	8	3
5	4	2	6	3	7	8	9	1
9	6	8	1	5	4	7	3	2
3	1	7	2	9	8	4	6	5
1	7	9	5	4	6	3	2	8
2	5	3	9	8	1	6	7	4
4	8	6	3	7	2	5	1	9

10

1	2	9	5	7	3	6	8	4
6	7	8	1	4	2	3	5	9
3	5	4	9	8	6	7	1	2
8	1	5	2	9	7	4	3	6
4	9	6	8	3	5	1	2	7
7	3	2	6	1	4	5	9	8
9	6	3	7	2	1	8	4	5
2	4	7	3	5	8	9	6	1
5	8	1	4	6	9	2	7	3

11

4	7	5	6	1	9	3	2	8
9	3	8	2	4	5	6	1	7
2	6	1	7	3	8	4	9	5
1	4	6	5	7	3	9	8	2
3	8	2	1	9	6	5	7	4
5	9	7	4	8	2	1	3	6
8	5	4	9	2	1	7	6	3
6	1	3	8	5	7	2	4	9
7	2	9	3	6	4	8	5	1

12

5	8	6	3	1	7	9	2	4
7	3	1	9	4	2	8	6	5
2	9	4	6	8	5	7	1	3
6	5	7	4	3	1	2	9	8
1	2	8	5	6	9	4	3	7
3	4	9	7	2	8	1	5	6
4	6	2	8	9	3	5	7	1
9	7	3	1	5	4	6	8	2
8	1	5	2	7	6	3	4	9

13

3	1	6	7	8	4	9	2	5
4	7	9	5	1	2	3	6	8
2	8	5	9	6	3	1	7	4
6	9	7	1	3	5	4	8	2
1	5	2	4	7	8	6	3	9
8	4	3	6	2	9	5	1	7
7	2	4	3	9	1	8	5	6
5	3	8	2	4	6	7	9	1
9	6	1	8	5	7	2	4	3

14

5	9	1	2	3	8	6	4	7
2	6	7	4	1	9	8	5	3
4	3	8	7	6	5	1	2	9
1	8	5	9	7	4	3	6	2
9	4	3	6	5	2	7	1	8
7	2	6	1	8	3	5	9	4
3	1	2	5	9	7	4	8	6
6	7	9	8	4	1	2	3	5
8	5	4	3	2	6	9	7	1

15

7	4	2	5	9	6	3	8	1
6	1	5	8	2	3	9	7	4
3	9	8	4	1	7	6	5	2
1	3	7	2	6	8	4	9	5
8	5	6	7	4	9	2	1	3
4	2	9	1	3	5	7	6	8
5	6	3	9	8	2	1	4	7
9	8	4	3	7	1	5	2	6
2	7	1	6	5	4	8	3	9

16

1	5	6	4	7	9	2	3	8
9	8	2	6	3	1	4	7	5
7	3	4	8	2	5	9	1	6
8	7	5	2	9	4	3	6	1
2	6	1	3	5	8	7	4	9
3	4	9	7	1	6	5	8	2
4	1	3	5	8	2	6	9	7
5	9	7	1	6	3	8	2	4
6	2	8	9	4	7	1	5	3

17

6	3	5	8	7	9	4	2	1
1	2	9	4	5	6	8	3	7
7	8	4	3	2	1	9	6	5
9	1	2	7	8	5	3	4	6
5	7	3	2	6	4	1	8	9
4	6	8	9	1	3	5	7	2
2	5	6	1	4	8	7	9	3
3	4	1	6	9	7	2	5	8
8	9	7	5	3	2	6	1	4

18

9	1	8	5	4	6	2	3	7
6	4	5	3	7	2	9	1	8
3	2	7	1	9	8	6	5	4
5	9	6	7	2	4	1	8	3
4	3	2	6	8	1	5	7	9
7	8	1	9	5	3	4	2	6
1	7	3	2	6	9	8	4	5
2	6	4	8	3	5	7	9	1
8	5	9	4	1	7	3	6	2

19

4	1	2	5	6	7	3	8	9
9	6	8	3	1	4	2	7	5
3	5	7	9	2	8	6	1	4
6	7	5	4	9	2	1	3	8
2	8	9	7	3	1	4	5	6
1	3	4	8	5	6	7	9	2
7	4	1	2	8	9	5	6	3
5	9	6	1	4	3	8	2	7
8	2	3	6	7	5	9	4	1

20

1	9	3	4	7	5	2	6	8
4	6	2	1	8	9	7	3	5
7	5	8	2	3	6	9	1	4
2	7	4	8	5	1	3	9	6
9	8	1	6	2	3	5	4	7
5	3	6	7	9	4	8	2	1
8	4	7	3	1	2	6	5	9
3	1	5	9	6	7	4	8	2
6	2	9	5	4	8	1	7	3

21

1	8	7	2	6	5	3	9	4
3	5	2	7	9	4	6	8	1
9	6	4	8	1	3	7	5	2
7	4	5	9	2	6	8	1	3
6	2	1	3	8	7	5	4	9
8	9	3	5	4	1	2	7	6
4	7	6	1	5	2	9	3	8
5	1	8	6	3	9	4	2	7
2	3	9	4	7	8	1	6	5

22

5	3	2	1	6	4	7	9	8
1	7	6	9	5	8	2	3	4
9	4	8	7	2	3	1	6	5
2	5	7	4	3	9	8	1	6
3	1	4	6	8	5	9	2	7
6	8	9	2	1	7	5	4	3
8	6	5	3	9	2	4	7	1
7	2	3	8	4	1	6	5	9
4	9	1	5	7	6	3	8	2

23

2	3	8	9	1	4	6	7	5
6	1	4	5	8	7	9	2	3
7	9	5	3	2	6	4	8	1
1	5	2	6	3	9	7	4	8
8	6	3	4	7	1	5	9	2
4	7	9	2	5	8	3	1	6
3	4	1	8	9	5	2	6	7
9	2	7	1	6	3	8	5	4
5	8	6	7	4	2	1	3	9

24

6	9	3	5	7	8	1	2	4
1	4	7	3	2	9	8	6	5
8	5	2	4	6	1	9	3	7
3	6	4	7	1	5	2	8	9
7	2	8	9	3	6	5	4	1
9	1	5	2	8	4	3	7	6
5	8	6	1	4	3	7	9	2
2	3	9	6	5	7	4	1	8
4	7	1	8	9	2	6	5	3

25

1	9	5	7	6	4	8	2	3
7	2	6	8	1	3	9	4	5
3	8	4	2	5	9	6	1	7
5	4	7	3	9	6	1	8	2
8	6	1	4	7	2	5	3	9
9	3	2	5	8	1	4	7	6
6	7	3	1	4	5	2	9	8
4	5	8	9	2	7	3	6	1
2	1	9	6	3	8	7	5	4

26

7	8	6	1	2	5	4	9	3
4	5	2	3	7	9	1	8	6
9	3	1	8	6	4	7	5	2
1	6	4	5	8	3	9	2	7
8	2	7	6	9	1	3	4	5
3	9	5	7	4	2	8	6	1
2	7	3	9	5	8	6	1	4
6	4	8	2	1	7	5	3	9
5	1	9	4	3	6	2	7	8

27

7	2	5	8	6	9	1	3	4
8	9	4	1	5	3	6	7	2
6	1	3	7	2	4	8	9	5
9	3	2	5	7	8	4	6	1
5	6	8	3	4	1	7	2	9
1	4	7	6	9	2	3	5	8
2	8	9	4	3	6	5	1	7
4	5	6	2	1	7	9	8	3
3	7	1	9	8	5	2	4	6

28

6	4	9	8	5	2	7	3	1
5	8	1	6	7	3	2	9	4
2	7	3	4	9	1	6	5	8
7	3	5	9	1	8	4	6	2
9	2	4	3	6	7	1	8	5
8	1	6	2	4	5	9	7	3
4	5	8	7	2	6	3	1	9
1	6	2	5	3	9	8	4	7
3	9	7	1	8	4	5	2	6

29

8	5	7	4	2	6	9	3	1
2	9	3	8	7	1	5	6	4
6	4	1	3	9	5	8	7	2
4	8	6	7	1	2	3	9	5
1	3	9	6	5	8	4	2	7
5	7	2	9	3	4	6	1	8
9	1	5	2	4	3	7	8	6
3	6	4	1	8	7	2	5	9
7	2	8	5	6	9	1	4	3

30

3	5	2	4	9	1	7	8	6
6	9	1	8	7	2	3	4	5
4	8	7	3	6	5	9	2	1
8	4	6	2	1	7	5	3	9
2	7	5	6	3	9	4	1	8
9	1	3	5	8	4	2	6	7
5	6	9	1	4	3	8	7	2
1	2	4	7	5	8	6	9	3
7	3	8	9	2	6	1	5	4

31

2	7	3	5	1	9	4	8	6
6	5	1	2	8	4	7	9	3
9	8	4	7	6	3	1	2	5
8	2	7	9	4	5	6	3	1
4	6	9	1	3	8	2	5	7
1	3	5	6	7	2	8	4	9
7	9	8	4	5	6	3	1	2
5	4	6	3	2	1	9	7	8
3	1	2	8	9	7	5	6	4

32

2	1	8	6	4	5	7	9	3
4	7	9	1	3	2	5	8	6
6	5	3	8	7	9	1	2	4
1	4	2	3	8	7	9	6	5
5	8	6	4	9	1	3	7	2
9	3	7	5	2	6	8	4	1
3	9	4	2	1	8	6	5	7
8	6	1	7	5	4	2	3	9
7	2	5	9	6	3	4	1	8

33

1	2	4	8	7	5	9	3	6
7	3	6	4	1	9	2	8	5
9	8	5	2	3	6	4	1	7
2	9	3	7	5	8	1	6	4
4	6	1	3	9	2	7	5	8
8	5	7	6	4	1	3	9	2
3	1	2	5	6	4	8	7	9
6	7	8	9	2	3	5	4	1
5	4	9	1	8	7	6	2	3

34

4	8	1	3	2	7	9	5	6
3	6	5	1	9	4	8	2	7
7	2	9	5	8	6	4	1	3
1	3	2	7	5	8	6	9	4
6	7	8	9	4	2	1	3	5
5	9	4	6	3	1	2	7	8
8	4	3	2	1	5	7	6	9
9	1	6	4	7	3	5	8	2
2	5	7	8	6	9	3	4	1

35

9	5	1	3	4	6	7	8	2
2	8	4	7	9	1	3	6	5
6	3	7	2	5	8	9	1	4
5	6	8	4	1	3	2	9	7
1	7	9	8	2	5	6	4	3
4	2	3	9	6	7	1	5	8
8	1	6	5	3	2	4	7	9
3	9	5	1	7	4	8	2	6
7	4	2	6	8	9	5	3	1

36

1	5	3	2	7	9	4	6	8
2	9	6	4	5	8	3	1	7
7	4	8	1	6	3	9	2	5
5	8	7	9	2	4	1	3	6
9	6	1	3	8	5	2	7	4
3	2	4	7	1	6	8	5	9
6	3	5	8	9	2	7	4	1
4	1	9	5	3	7	6	8	2
8	7	2	6	4	1	5	9	3

37

7	3	5	8	1	6	4	2	9
6	9	2	4	5	7	3	1	8
4	1	8	3	2	9	5	7	6
3	5	4	9	8	1	7	6	2
8	2	1	7	6	3	9	4	5
9	7	6	2	4	5	8	3	1
2	6	9	5	3	4	1	8	7
5	8	3	1	7	2	6	9	4
1	4	7	6	9	8	2	5	3

38

2	1	6	7	4	3	8	9	5
3	5	4	1	9	8	7	6	2
8	7	9	6	5	2	1	4	3
4	9	5	8	1	7	3	2	6
1	3	2	5	6	9	4	7	8
6	8	7	2	3	4	5	1	9
9	6	8	4	7	5	2	3	1
7	2	3	9	8	1	6	5	4
5	4	1	3	2	6	9	8	7

39

9	4	1	7	6	3	2	5	8
5	2	6	4	8	9	3	1	7
3	8	7	2	5	1	4	6	9
1	9	5	6	3	2	8	7	4
7	3	8	9	4	5	6	2	1
4	6	2	8	1	7	5	9	3
6	5	9	3	7	8	1	4	2
8	7	4	1	2	6	9	3	5
2	1	3	5	9	4	7	8	6

40

8	3	5	4	7	1	2	9	6
1	9	4	5	6	2	7	3	8
7	6	2	8	9	3	4	1	5
2	8	1	6	3	7	5	4	9
9	5	6	2	8	4	1	7	3
3	4	7	9	1	5	8	6	2
6	1	3	7	2	8	9	5	4
5	7	8	3	4	9	6	2	1
4	2	9	1	5	6	3	8	7

41

7	1	2	4	9	3	6	5	8
8	9	6	2	7	5	4	1	3
5	3	4	6	8	1	9	7	2
4	2	7	3	6	9	5	8	1
6	8	3	5	1	4	7	2	9
1	5	9	8	2	7	3	6	4
3	6	5	1	4	8	2	9	7
2	7	1	9	3	6	8	4	5
9	4	8	7	5	2	1	3	6

42

8	7	5	3	2	4	6	9	1
9	4	3	1	5	6	2	8	7
2	6	1	8	9	7	4	5	3
5	8	2	9	6	3	7	1	4
3	1	4	7	8	2	5	6	9
6	9	7	5	4	1	8	3	2
4	3	6	2	1	5	9	7	8
1	2	8	6	7	9	3	4	5
7	5	9	4	3	8	1	2	6

43

2	7	6	9	5	3	1	8	4
1	4	9	8	7	6	3	2	5
8	5	3	1	4	2	7	6	9
6	3	7	5	2	1	9	4	8
4	2	8	3	9	7	6	5	1
9	1	5	4	6	8	2	7	3
7	9	1	2	8	4	5	3	6
3	8	2	6	1	5	4	9	7
5	6	4	7	3	9	8	1	2

44

8	6	5	1	2	4	9	3	7
9	4	1	7	3	8	5	6	2
7	2	3	5	6	9	1	8	4
1	9	2	6	4	5	8	7	3
6	5	4	3	8	7	2	9	1
3	7	8	9	1	2	4	5	6
2	8	7	4	5	6	3	1	9
4	3	6	8	9	1	7	2	5
5	1	9	2	7	3	6	4	8

45

4	7	9	1	2	6	5	8	3
5	8	1	4	7	3	2	6	9
2	6	3	9	8	5	7	4	1
9	3	5	8	6	2	1	7	4
6	4	8	7	3	1	9	2	5
1	2	7	5	4	9	6	3	8
3	1	2	6	9	8	4	5	7
7	9	6	3	5	4	8	1	2
8	5	4	2	1	7	3	9	6

46

1	4	5	7	8	2	9	3	6
7	8	9	6	3	1	4	5	2
3	6	2	5	9	4	7	1	8
4	2	7	3	6	5	1	8	9
5	9	8	4	1	7	2	6	3
6	3	1	8	2	9	5	7	4
2	5	6	1	4	3	8	9	7
8	7	4	9	5	6	3	2	1
9	1	3	2	7	8	6	4	5

47

1	4	3	2	7	5	6	9	8
5	7	9	8	6	4	2	1	3
6	2	8	9	3	1	4	5	7
9	5	4	7	1	2	3	8	6
2	3	1	6	4	8	9	7	5
8	6	7	5	9	3	1	2	4
7	1	5	4	2	6	8	3	9
4	9	2	3	8	7	5	6	1
3	8	6	1	5	9	7	4	2

48

9	1	7	3	8	5	4	2	6
2	4	8	7	6	9	5	3	1
3	5	6	2	1	4	9	8	7
4	9	3	6	5	2	7	1	8
6	8	5	9	7	1	3	4	2
1	7	2	8	4	3	6	9	5
5	3	1	4	2	7	8	6	9
7	6	9	1	3	8	2	5	4
8	2	4	5	9	6	1	7	3

49

6	7	1	2	5	9	4	8	3
5	4	8	6	3	7	2	1	9
3	2	9	1	4	8	7	5	6
7	8	6	5	1	4	3	9	2
9	5	4	3	8	2	1	6	7
2	1	3	7	9	6	5	4	8
4	6	7	9	2	1	8	3	5
1	3	2	8	6	5	9	7	4
8	9	5	4	7	3	6	2	1

50

1	5	8	4	2	7	9	3	6
9	3	7	5	1	6	8	4	2
2	6	4	8	3	9	5	1	7
8	4	5	2	7	1	3	6	9
3	1	9	6	8	4	2	7	5
7	2	6	3	9	5	1	8	4
4	7	3	9	5	8	6	2	1
5	8	1	7	6	2	4	9	3
6	9	2	1	4	3	7	5	8

51

4	8	2	3	9	6	5	1	7
9	1	3	8	7	5	6	2	4
7	6	5	2	4	1	8	3	9
2	4	1	7	5	9	3	6	8
5	3	6	1	8	4	9	7	2
8	9	7	6	3	2	4	5	1
1	5	9	4	2	3	7	8	6
6	7	4	5	1	8	2	9	3
3	2	8	9	6	7	1	4	5

52

5	9	8	4	2	6	3	1	7
7	2	1	5	3	9	4	6	8
3	6	4	8	1	7	9	2	5
8	5	2	1	6	3	7	4	9
9	3	6	7	4	5	2	8	1
4	1	7	2	9	8	6	5	3
1	7	9	6	5	2	8	3	4
6	4	3	9	8	1	5	7	2
2	8	5	3	7	4	1	9	6

53

6	3	5	9	1	8	7	4	2
1	2	8	4	7	3	5	6	9
7	9	4	2	5	6	8	1	3
8	5	3	6	4	2	1	9	7
2	6	1	7	3	9	4	8	5
9	4	7	5	8	1	3	2	6
4	7	6	8	2	5	9	3	1
5	1	9	3	6	4	2	7	8
3	8	2	1	9	7	6	5	4

54

6	9	5	1	7	8	2	4	3
4	8	1	6	3	2	5	7	9
3	7	2	9	5	4	8	6	1
2	4	3	7	1	6	9	5	8
9	1	6	5	8	3	4	2	7
8	5	7	4	2	9	1	3	6
7	2	9	3	4	1	6	8	5
1	3	4	8	6	5	7	9	2
5	6	8	2	9	7	3	1	4

55

1	4	7	2	5	3	8	6	9
6	9	3	7	8	4	2	1	5
2	5	8	9	6	1	4	7	3
9	6	1	5	3	8	7	2	4
7	8	5	4	1	2	3	9	6
4	3	2	6	9	7	1	5	8
5	2	4	8	7	9	6	3	1
3	7	9	1	4	6	5	8	2
8	1	6	3	2	5	9	4	7

56

6	5	8	2	1	7	4	9	3
2	7	4	3	5	9	1	6	8
1	9	3	8	4	6	7	2	5
7	4	1	6	8	2	5	3	9
5	3	6	9	7	1	2	8	4
8	2	9	4	3	5	6	7	1
4	8	7	5	2	3	9	1	6
9	1	5	7	6	8	3	4	2
3	6	2	1	9	4	8	5	7

57

3	1	8	7	4	2	6	5	9
7	2	9	5	6	3	1	4	8
5	6	4	8	9	1	2	7	3
1	3	2	9	7	5	8	6	4
9	5	6	4	1	8	7	3	2
4	8	7	2	3	6	5	9	1
8	7	5	3	2	4	9	1	6
6	9	3	1	8	7	4	2	5
2	4	1	6	5	9	3	8	7

58

5	4	7	3	2	9	1	8	6
3	6	1	4	5	8	7	9	2
8	2	9	6	1	7	4	3	5
1	7	8	9	6	2	3	5	4
9	3	2	5	8	4	6	1	7
4	5	6	7	3	1	8	2	9
7	1	4	8	9	5	2	6	3
6	8	5	2	7	3	9	4	1
2	9	3	1	4	6	5	7	8

59

3	1	6	4	7	2	9	5	8
7	8	2	9	5	1	3	4	6
5	9	4	8	3	6	2	7	1
2	6	3	7	1	9	4	8	5
1	5	8	2	4	3	6	9	7
9	4	7	5	6	8	1	2	3
8	2	1	6	9	7	5	3	4
4	3	9	1	8	5	7	6	2
6	7	5	3	2	4	8	1	9

60

2	6	7	4	9	3	5	8	1
1	8	9	5	2	7	4	6	3
5	3	4	1	6	8	7	2	9
6	4	5	2	8	9	3	1	7
8	9	3	7	1	4	2	5	6
7	2	1	6	3	5	9	4	8
4	5	6	9	7	1	8	3	2
3	7	2	8	4	6	1	9	5
9	1	8	3	5	2	6	7	4

61

8	3	6	2	5	9	7	1	4
1	2	9	7	4	6	8	5	3
4	5	7	3	1	8	9	6	2
3	8	1	5	9	7	2	4	6
2	9	5	4	6	3	1	7	8
6	7	4	1	8	2	5	3	9
5	6	2	8	3	1	4	9	7
9	1	8	6	7	4	3	2	5
7	4	3	9	2	5	6	8	1

62

4	1	3	6	7	9	8	5	2
8	5	9	2	1	4	7	3	6
6	2	7	3	5	8	1	4	9
2	7	8	9	3	6	4	1	5
5	6	4	1	2	7	3	9	8
3	9	1	8	4	5	6	2	7
1	3	5	7	8	2	9	6	4
7	4	6	5	9	3	2	8	1
9	8	2	4	6	1	5	7	3

63

4	9	3	6	1	8	2	5	7
5	2	6	3	9	7	1	8	4
7	8	1	4	5	2	6	9	3
3	4	2	7	8	6	9	1	5
6	5	9	1	2	4	3	7	8
1	7	8	9	3	5	4	2	6
8	6	4	2	7	9	5	3	1
9	3	7	5	6	1	8	4	2
2	1	5	8	4	3	7	6	9

64

4	2	6	3	1	8	5	9	7
3	8	1	7	5	9	4	6	2
9	5	7	2	4	6	3	8	1
7	1	9	5	2	4	6	3	8
2	6	5	8	3	7	1	4	9
8	3	4	6	9	1	7	2	5
5	7	2	9	6	3	8	1	4
1	9	3	4	8	5	2	7	6
6	4	8	1	7	2	9	5	3

65

3	8	7	4	1	2	6	9	5
1	6	5	3	7	9	4	8	2
2	4	9	6	5	8	3	1	7
9	1	4	2	8	5	7	3	6
5	3	8	7	9	6	1	2	4
6	7	2	1	3	4	8	5	9
8	5	3	9	4	7	2	6	1
7	9	6	8	2	1	5	4	3
4	2	1	5	6	3	9	7	8

66

3	1	9	4	6	2	7	5	8
8	2	5	7	9	3	1	4	6
6	7	4	8	5	1	2	3	9
7	6	8	2	3	4	9	1	5
5	4	2	1	7	9	6	8	3
9	3	1	5	8	6	4	2	7
2	8	7	9	1	5	3	6	4
1	5	6	3	4	7	8	9	2
4	9	3	6	2	8	5	7	1

67

1	8	3	5	9	2	4	7	6
2	5	4	6	7	3	8	1	9
6	9	7	8	1	4	2	3	5
3	1	6	7	2	5	9	8	4
8	2	5	9	4	1	3	6	7
4	7	9	3	8	6	5	2	1
9	3	2	1	5	7	6	4	8
5	6	1	4	3	8	7	9	2
7	4	8	2	6	9	1	5	3

68

7	4	9	5	2	3	6	8	1
2	5	6	1	4	8	3	7	9
3	8	1	6	7	9	4	5	2
6	9	8	7	1	4	5	2	3
4	1	2	3	5	6	8	9	7
5	7	3	8	9	2	1	6	4
8	2	5	4	3	7	9	1	6
1	3	7	9	6	5	2	4	8
9	6	4	2	8	1	7	3	5

69

8	7	2	9	4	1	3	5	6
9	4	1	3	5	6	8	2	7
5	3	6	7	8	2	1	9	4
7	8	3	6	2	4	9	1	5
4	2	5	1	9	7	6	3	8
6	1	9	8	3	5	4	7	2
3	6	7	5	1	8	2	4	9
1	5	4	2	6	9	7	8	3
2	9	8	4	7	3	5	6	1

70

9	5	2	3	8	4	6	1	7
6	1	3	5	9	7	8	2	4
7	8	4	6	1	2	5	3	9
3	6	1	4	5	8	7	9	2
5	7	9	1	2	6	3	4	8
2	4	8	7	3	9	1	6	5
4	9	6	8	7	3	2	5	1
8	3	5	2	4	1	9	7	6
1	2	7	9	6	5	4	8	3

71

1	4	7	3	9	2	8	6	5
5	8	9	4	7	6	1	2	3
6	3	2	1	8	5	4	7	9
2	9	5	6	4	1	3	8	7
3	7	1	5	2	8	6	9	4
4	6	8	7	3	9	2	5	1
8	1	4	2	5	7	9	3	6
7	2	6	9	1	3	5	4	8
9	5	3	8	6	4	7	1	2

72

7	1	5	2	9	3	4	6	8
3	2	6	5	4	8	7	9	1
4	9	8	7	6	1	3	2	5
9	7	1	6	5	4	8	3	2
5	3	2	9	8	7	6	1	4
6	8	4	3	1	2	5	7	9
2	5	7	4	3	9	1	8	6
8	6	9	1	7	5	2	4	3
1	4	3	8	2	6	9	5	7

73

9	5	4	8	3	2	7	1	6
7	1	6	4	5	9	2	8	3
8	2	3	1	7	6	9	4	5
3	6	1	7	4	8	5	2	9
5	8	2	9	6	1	4	3	7
4	7	9	3	2	5	1	6	8
1	3	8	2	9	7	6	5	4
6	4	7	5	1	3	8	9	2
2	9	5	6	8	4	3	7	1

74

2	5	3	4	6	8	7	1	9
9	4	7	5	1	3	6	8	2
6	8	1	7	2	9	4	5	3
5	1	9	2	3	4	8	7	6
4	6	2	8	7	5	9	3	1
7	3	8	6	9	1	2	4	5
3	9	6	1	8	7	5	2	4
8	2	5	3	4	6	1	9	7
1	7	4	9	5	2	3	6	8

75

1	2	4	6	3	7	8	9	5
9	3	7	1	8	5	2	4	6
8	6	5	2	4	9	3	1	7
4	8	2	5	6	3	9	7	1
3	7	1	4	9	2	5	6	8
5	9	6	8	7	1	4	3	2
6	1	9	3	2	8	7	5	4
2	4	3	7	5	6	1	8	9
7	5	8	9	1	4	6	2	3

76

1	7	6	8	2	5	9	3	4
8	9	4	7	3	6	5	1	2
5	3	2	4	1	9	8	7	6
2	5	1	6	9	7	3	4	8
7	6	8	3	5	4	2	9	1
9	4	3	1	8	2	7	6	5
4	8	7	2	6	3	1	5	9
6	2	9	5	7	1	4	8	3
3	1	5	9	4	8	6	2	7

77

2	8	4	9	6	1	5	7	3
3	5	9	2	8	7	6	1	4
6	1	7	3	5	4	2	9	8
8	7	3	4	2	5	9	6	1
9	4	1	6	7	3	8	2	5
5	6	2	1	9	8	4	3	7
4	2	8	7	1	6	3	5	9
1	9	5	8	3	2	7	4	6
7	3	6	5	4	9	1	8	2

78

6	7	4	5	8	1	9	2	3
3	5	2	6	9	4	7	8	1
1	8	9	2	3	7	5	6	4
9	4	3	7	1	2	8	5	6
5	2	6	3	4	8	1	9	7
8	1	7	9	6	5	3	4	2
2	9	1	8	7	6	4	3	5
4	3	5	1	2	9	6	7	8
7	6	8	4	5	3	2	1	9

79

9	6	8	7	2	1	4	5	3
7	3	1	5	9	4	2	6	8
4	5	2	3	8	6	1	9	7
6	4	7	8	1	9	5	3	2
2	8	3	6	7	5	9	4	1
1	9	5	2	4	3	8	7	6
3	7	9	1	5	2	6	8	4
5	2	6	4	3	8	7	1	9
8	1	4	9	6	7	3	2	5

80

4	7	8	5	9	2	3	1	6
1	3	9	7	6	8	2	5	4
5	6	2	1	4	3	7	9	8
2	1	7	4	5	9	8	6	3
3	9	5	2	8	6	1	4	7
6	8	4	3	1	7	5	2	9
8	4	1	9	7	5	6	3	2
7	5	3	6	2	4	9	8	1
9	2	6	8	3	1	4	7	5

81

2	1	9	4	6	5	3	8	7
3	4	8	2	7	9	6	1	5
6	7	5	1	3	8	4	9	2
8	5	6	3	1	2	9	7	4
9	2	7	8	4	6	1	5	3
4	3	1	9	5	7	2	6	8
7	8	2	6	9	4	5	3	1
1	6	4	5	8	3	7	2	9
5	9	3	7	2	1	8	4	6

82

2	4	8	9	7	3	6	1	5
1	9	6	8	2	5	4	7	3
3	5	7	6	1	4	2	8	9
5	6	2	4	8	1	3	9	7
4	3	9	7	5	6	1	2	8
7	8	1	3	9	2	5	4	6
8	2	4	5	3	7	9	6	1
9	1	3	2	6	8	7	5	4
6	7	5	1	4	9	8	3	2

83

9	7	1	2	3	6	4	5	8
6	4	2	7	8	5	3	9	1
8	5	3	1	9	4	6	2	7
2	6	9	8	1	7	5	4	3
4	1	5	9	6	3	7	8	2
7	3	8	4	5	2	9	1	6
1	2	4	3	7	9	8	6	5
3	9	6	5	2	8	1	7	4
5	8	7	6	4	1	2	3	9

84

2	3	1	4	8	9	6	7	5
6	4	9	7	5	2	8	1	3
7	8	5	1	6	3	9	4	2
3	9	6	2	1	5	4	8	7
5	2	7	8	9	4	3	6	1
4	1	8	3	7	6	2	5	9
9	6	2	5	4	1	7	3	8
8	5	3	6	2	7	1	9	4
1	7	4	9	3	8	5	2	6

85

1	4	6	2	7	9	8	5	3
2	5	8	1	3	6	7	9	4
9	7	3	8	5	4	6	1	2
6	2	9	7	1	3	5	4	8
5	3	1	4	8	2	9	7	6
4	8	7	6	9	5	2	3	1
3	9	2	5	6	1	4	8	7
7	1	4	9	2	8	3	6	5
8	6	5	3	4	7	1	2	9

86

7	8	5	9	4	2	3	1	6
4	3	1	6	5	7	2	9	8
9	2	6	1	3	8	4	5	7
6	7	2	3	9	4	5	8	1
1	4	8	7	2	5	6	3	9
3	5	9	8	1	6	7	4	2
5	1	7	4	6	9	8	2	3
8	9	4	2	7	3	1	6	5
2	6	3	5	8	1	9	7	4

87

6	9	5	1	2	4	8	7	3
2	4	7	8	3	6	1	9	5
8	1	3	5	9	7	2	4	6
7	5	2	6	8	1	4	3	9
1	3	9	4	5	2	7	6	8
4	8	6	3	7	9	5	2	1
3	2	4	9	1	8	6	5	7
9	7	8	2	6	5	3	1	4
5	6	1	7	4	3	9	8	2

88

4	9	1	5	6	3	8	2	7
7	5	2	8	4	9	3	1	6
8	3	6	1	7	2	9	4	5
2	6	3	9	1	7	4	5	8
1	8	7	4	3	5	6	9	2
9	4	5	6	2	8	1	7	3
5	1	4	7	8	6	2	3	9
6	2	9	3	5	4	7	8	1
3	7	8	2	9	1	5	6	4

89

6	2	9	7	4	3	1	8	5
5	7	4	6	1	8	9	3	2
3	8	1	2	9	5	4	6	7
9	5	2	1	8	4	6	7	3
7	3	8	5	6	9	2	4	1
4	1	6	3	7	2	5	9	8
8	4	5	9	2	7	3	1	6
1	9	3	8	5	6	7	2	4
2	6	7	4	3	1	8	5	9

90

3	8	1	2	5	9	4	7	6
5	9	7	4	6	1	3	8	2
4	6	2	8	7	3	1	9	5
7	1	3	5	4	8	2	6	9
6	4	8	1	9	2	5	3	7
2	5	9	7	3	6	8	4	1
8	7	5	9	1	4	6	2	3
1	3	4	6	2	7	9	5	8
9	2	6	3	8	5	7	1	4

91

8	6	1	5	4	3	9	2	7
4	9	7	2	1	6	5	3	8
3	2	5	9	7	8	1	6	4
7	8	2	1	9	4	6	5	3
5	4	6	3	2	7	8	9	1
1	3	9	6	8	5	7	4	2
6	7	8	4	3	9	2	1	5
9	1	3	7	5	2	4	8	6
2	5	4	8	6	1	3	7	9

92

7	4	1	6	2	9	3	8	5
8	2	5	4	3	1	6	9	7
3	9	6	7	5	8	2	1	4
4	6	3	5	1	7	9	2	8
5	7	8	9	6	2	4	3	1
9	1	2	3	8	4	7	5	6
2	5	4	8	7	3	1	6	9
6	3	7	1	9	5	8	4	2
1	8	9	2	4	6	5	7	3

93

3	1	5	9	6	7	4	8	2
9	7	2	8	1	4	3	5	6
4	6	8	5	2	3	1	9	7
2	3	7	4	5	1	9	6	8
6	8	1	2	7	9	5	4	3
5	4	9	3	8	6	2	7	1
8	2	4	7	3	5	6	1	9
1	5	3	6	9	8	7	2	4
7	9	6	1	4	2	8	3	5

94

8	1	4	9	3	5	6	2	7
2	6	7	1	4	8	3	9	5
3	5	9	2	6	7	1	4	8
4	9	5	3	2	6	7	8	1
7	2	3	8	1	9	4	5	6
1	8	6	7	5	4	9	3	2
9	3	2	5	7	1	8	6	4
6	7	8	4	9	2	5	1	3
5	4	1	6	8	3	2	7	9

95

3	8	2	9	6	4	7	1	5
6	9	4	1	5	7	3	2	8
7	1	5	8	3	2	9	6	4
4	2	6	5	9	8	1	7	3
5	3	9	4	7	1	2	8	6
8	7	1	3	2	6	4	5	9
1	5	3	7	8	9	6	4	2
9	6	7	2	4	5	8	3	1
2	4	8	6	1	3	5	9	7

96

9	8	7	1	2	6	3	4	5
5	4	6	3	9	7	2	8	1
2	1	3	5	4	8	6	7	9
4	9	2	8	5	3	7	1	6
3	7	5	6	1	4	8	9	2
1	6	8	2	7	9	4	5	3
8	3	9	7	6	5	1	2	4
6	5	1	4	8	2	9	3	7
7	2	4	9	3	1	5	6	8

97

7	1	8	2	9	3	6	5	4
6	2	9	5	4	8	1	7	3
5	3	4	7	1	6	9	8	2
3	9	5	6	2	4	7	1	8
4	7	2	8	5	1	3	6	9
1	8	6	9	3	7	2	4	5
9	6	3	1	8	5	4	2	7
8	4	1	3	7	2	5	9	6
2	5	7	4	6	9	8	3	1

98

8	7	3	9	1	4	5	6	2
6	4	5	3	8	2	7	1	9
1	2	9	5	7	6	3	8	4
2	9	6	8	3	5	1	4	7
5	3	4	1	6	7	9	2	8
7	1	8	2	4	9	6	5	3
9	6	1	7	2	8	4	3	5
4	8	7	6	5	3	2	9	1
3	5	2	4	9	1	8	7	6

99

9	7	1	5	8	2	3	6	4
8	4	6	1	9	3	5	7	2
5	2	3	6	7	4	1	8	9
7	6	2	4	3	5	8	9	1
1	8	5	9	6	7	2	4	3
3	9	4	8	2	1	6	5	7
4	5	7	3	1	6	9	2	8
2	1	9	7	5	8	4	3	6
6	3	8	2	4	9	7	1	5

100

1	2	7	9	4	6	8	3	5
9	6	3	5	2	8	4	1	7
5	8	4	7	3	1	6	9	2
8	5	2	1	6	9	3	7	4
6	4	1	3	7	5	9	2	8
7	3	9	2	8	4	5	6	1
2	7	6	4	5	3	1	8	9
4	1	8	6	9	7	2	5	3
3	9	5	8	1	2	7	4	6

101

6	2	3	4	9	7	8	5	1
5	7	1	8	6	2	4	3	9
8	9	4	5	3	1	7	6	2
4	5	7	3	1	6	2	9	8
3	8	2	9	5	4	1	7	6
9	1	6	7	2	8	5	4	3
7	6	5	2	8	9	3	1	4
2	4	9	1	7	3	6	8	5
1	3	8	6	4	5	9	2	7

102

6	1	7	2	9	8	3	4	5
5	9	3	4	6	1	8	7	2
8	2	4	5	3	7	1	9	6
9	6	2	1	5	4	7	3	8
7	8	1	3	2	6	9	5	4
3	4	5	7	8	9	2	6	1
4	3	8	6	7	2	5	1	9
1	5	9	8	4	3	6	2	7
2	7	6	9	1	5	4	8	3

103

9	6	2	1	8	7	5	4	3
3	7	1	4	2	5	8	6	9
5	8	4	3	6	9	2	1	7
1	2	5	7	3	4	6	9	8
7	9	8	2	5	6	4	3	1
4	3	6	9	1	8	7	2	5
6	1	9	8	7	2	3	5	4
2	4	7	5	9	3	1	8	6
8	5	3	6	4	1	9	7	2

104

3	2	4	1	6	9	5	7	8
1	5	8	7	2	4	3	9	6
6	7	9	5	8	3	1	2	4
2	1	7	8	4	5	6	3	9
5	8	3	9	1	6	2	4	7
9	4	6	2	3	7	8	1	5
8	3	5	4	9	2	7	6	1
7	9	2	6	5	1	4	8	3
4	6	1	3	7	8	9	5	2

105

2	5	6	1	4	7	9	3	8
9	1	7	8	5	3	4	2	6
4	3	8	6	2	9	1	7	5
1	8	5	4	7	6	2	9	3
6	9	4	3	8	2	5	1	7
3	7	2	5	9	1	6	8	4
8	6	9	7	1	5	3	4	2
7	2	3	9	6	4	8	5	1
5	4	1	2	3	8	7	6	9

106

2	3	1	8	5	4	7	6	9
9	7	8	1	6	2	5	3	4
4	5	6	9	7	3	2	8	1
5	8	3	2	4	9	6	1	7
7	6	4	3	1	5	9	2	8
1	9	2	7	8	6	3	4	5
3	1	9	5	2	8	4	7	6
8	4	5	6	3	7	1	9	2
6	2	7	4	9	1	8	5	3

107

2	3	4	9	8	1	7	5	6
8	1	7	6	4	5	2	9	3
9	6	5	7	2	3	1	8	4
6	4	8	2	9	7	3	1	5
1	5	2	4	3	6	9	7	8
7	9	3	5	1	8	6	4	2
3	7	6	1	5	4	8	2	9
4	8	9	3	7	2	5	6	1
5	2	1	8	6	9	4	3	7

108

8	6	2	4	1	3	7	9	5
5	9	7	6	2	8	3	4	1
1	3	4	5	7	9	2	8	6
6	5	9	7	8	4	1	2	3
2	7	8	3	9	1	5	6	4
4	1	3	2	5	6	9	7	8
7	4	5	1	6	2	8	3	9
3	8	1	9	4	7	6	5	2
9	2	6	8	3	5	4	1	7

109

3	1	8	2	6	5	4	7	9
7	6	2	8	9	4	5	3	1
9	4	5	3	7	1	2	6	8
2	5	9	4	3	6	1	8	7
6	3	4	1	8	7	9	2	5
1	8	7	5	2	9	3	4	6
8	9	3	7	5	2	6	1	4
5	7	1	6	4	3	8	9	2
4	2	6	9	1	8	7	5	3

110

3	4	5	9	7	1	2	8	6
7	2	8	3	6	5	9	1	4
9	1	6	8	2	4	3	7	5
6	9	4	5	8	3	1	2	7
8	3	7	1	4	2	5	6	9
2	5	1	7	9	6	8	4	3
5	7	2	4	1	9	6	3	8
1	8	3	6	5	7	4	9	2
4	6	9	2	3	8	7	5	1

111

4	3	6	5	8	7	2	1	9
9	7	2	3	1	6	4	5	8
1	5	8	2	9	4	6	7	3
3	6	7	1	2	9	5	8	4
8	4	5	7	6	3	9	2	1
2	9	1	4	5	8	7	3	6
6	8	3	9	7	2	1	4	5
5	2	4	6	3	1	8	9	7
7	1	9	8	4	5	3	6	2

112

4	2	9	3	7	6	8	5	1
6	1	8	2	9	5	3	4	7
7	3	5	4	1	8	9	6	2
9	7	3	1	8	4	5	2	6
2	5	6	9	3	7	4	1	8
8	4	1	6	5	2	7	3	9
5	6	2	8	4	9	1	7	3
3	9	7	5	2	1	6	8	4
1	8	4	7	6	3	2	9	5

113

3	1	5	2	6	9	4	7	8
8	2	7	1	3	4	9	5	6
4	6	9	7	5	8	2	3	1
2	9	4	6	1	5	7	8	3
1	7	8	9	4	3	5	6	2
6	5	3	8	2	7	1	4	9
5	4	2	3	8	1	6	9	7
7	8	6	4	9	2	3	1	5
9	3	1	5	7	6	8	2	4

114

5	8	6	1	9	2	7	3	4
1	9	4	6	3	7	8	2	5
7	3	2	4	5	8	9	6	1
3	5	7	8	4	6	2	1	9
2	1	9	3	7	5	4	8	6
4	6	8	2	1	9	3	5	7
6	2	1	9	8	4	5	7	3
8	4	5	7	6	3	1	9	2
9	7	3	5	2	1	6	4	8

115

4	8	3	1	5	2	6	7	9
2	1	6	8	9	7	3	4	5
9	7	5	6	4	3	2	1	8
8	3	4	9	7	5	1	6	2
5	9	7	2	1	6	8	3	4
1	6	2	4	3	8	9	5	7
7	2	1	3	8	4	5	9	6
3	5	8	7	6	9	4	2	1
6	4	9	5	2	1	7	8	3

116

6	7	4	3	8	1	9	5	2
1	5	9	2	6	7	4	8	3
3	2	8	9	4	5	1	6	7
8	6	5	4	1	3	2	7	9
4	9	7	8	5	2	3	1	6
2	3	1	7	9	6	8	4	5
5	4	3	1	7	9	6	2	8
9	1	6	5	2	8	7	3	4
7	8	2	6	3	4	5	9	1

117

3	9	5	4	1	2	7	8	6
2	4	7	3	8	6	9	5	1
8	6	1	7	9	5	2	3	4
1	7	3	2	6	8	4	9	5
4	2	9	1	5	3	8	6	7
5	8	6	9	4	7	3	1	2
7	5	4	8	3	1	6	2	9
6	3	2	5	7	9	1	4	8
9	1	8	6	2	4	5	7	3

118

6	5	2	8	9	4	7	3	1
8	9	1	3	7	2	6	5	4
4	3	7	6	1	5	9	2	8
7	1	3	2	8	9	5	4	6
2	8	9	4	5	6	1	7	3
5	4	6	1	3	7	2	8	9
3	2	8	5	6	1	4	9	7
9	6	5	7	4	3	8	1	2
1	7	4	9	2	8	3	6	5

119

6	4	5	1	2	9	8	3	7
2	8	9	7	3	6	4	5	1
3	1	7	8	4	5	2	9	6
1	3	4	5	9	2	6	7	8
7	2	8	3	6	1	9	4	5
9	5	6	4	8	7	3	1	2
5	6	3	2	7	4	1	8	9
8	9	1	6	5	3	7	2	4
4	7	2	9	1	8	5	6	3

120

9	7	6	8	2	1	3	4	5
8	5	1	4	6	3	2	7	9
3	2	4	5	9	7	6	8	1
6	8	7	1	3	4	5	9	2
4	3	2	9	5	8	7	1	6
1	9	5	2	7	6	4	3	8
7	1	3	6	8	5	9	2	4
5	4	9	7	1	2	8	6	3
2	6	8	3	4	9	1	5	7

121

9	4	8	3	5	7	1	6	2
2	3	7	1	4	6	8	9	5
6	1	5	8	2	9	3	7	4
8	5	6	4	7	1	9	2	3
1	7	9	2	6	3	4	5	8
3	2	4	5	9	8	6	1	7
4	8	2	6	1	5	7	3	9
7	6	3	9	8	2	5	4	1
5	9	1	7	3	4	2	8	6

122

6	9	3	2	8	5	1	7	4
5	4	1	3	7	9	6	8	2
2	8	7	6	1	4	9	3	5
1	5	2	4	3	8	7	6	9
4	3	8	9	6	7	5	2	1
7	6	9	5	2	1	8	4	3
9	7	5	8	4	3	2	1	6
3	1	6	7	5	2	4	9	8
8	2	4	1	9	6	3	5	7

123

5	7	2	6	1	4	8	9	3
6	9	3	8	2	7	1	5	4
4	8	1	3	5	9	6	2	7
7	3	5	9	8	2	4	1	6
1	6	4	7	3	5	2	8	9
9	2	8	4	6	1	7	3	5
3	5	6	2	4	8	9	7	1
2	1	9	5	7	6	3	4	8
8	4	7	1	9	3	5	6	2

124

6	8	5	7	4	9	1	2	3
9	3	7	5	2	1	4	8	6
1	4	2	8	3	6	5	9	7
2	5	8	4	1	7	6	3	9
4	7	9	6	8	3	2	1	5
3	6	1	2	9	5	7	4	8
5	2	4	3	7	8	9	6	1
8	9	6	1	5	4	3	7	2
7	1	3	9	6	2	8	5	4

125

6	2	7	5	8	1	4	9	3
9	5	1	4	3	2	8	7	6
3	4	8	6	9	7	2	1	5
7	6	3	9	2	4	5	8	1
8	9	2	1	7	5	3	6	4
4	1	5	8	6	3	9	2	7
5	7	9	3	1	8	6	4	2
1	8	4	2	5	6	7	3	9
2	3	6	7	4	9	1	5	8

126

7	1	6	8	2	5	4	3	9
8	5	2	3	4	9	6	7	1
3	9	4	7	6	1	2	8	5
1	2	8	5	3	4	7	9	6
5	4	3	9	7	6	8	1	2
9	6	7	1	8	2	3	5	4
2	3	5	4	9	7	1	6	8
4	7	9	6	1	8	5	2	3
6	8	1	2	5	3	9	4	7

127

4	3	6	9	8	5	7	1	2
8	9	5	7	2	1	6	4	3
7	1	2	4	6	3	8	9	5
6	4	3	8	5	9	2	7	1
2	7	1	6	3	4	5	8	9
5	8	9	2	1	7	3	6	4
1	2	7	3	4	6	9	5	8
3	6	4	5	9	8	1	2	7
9	5	8	1	7	2	4	3	6

128

2	6	4	3	1	5	8	7	9
7	1	8	4	9	6	5	3	2
3	5	9	7	2	8	6	4	1
8	9	3	5	4	1	7	2	6
5	4	7	6	3	2	1	9	8
6	2	1	8	7	9	3	5	4
1	8	2	9	5	3	4	6	7
9	7	5	1	6	4	2	8	3
4	3	6	2	8	7	9	1	5

129

9	6	3	7	5	1	8	4	2
1	8	5	2	6	4	9	3	7
2	7	4	9	8	3	5	6	1
4	5	7	1	2	6	3	9	8
8	1	9	3	7	5	4	2	6
6	3	2	4	9	8	7	1	5
5	2	1	8	3	9	6	7	4
7	9	8	6	4	2	1	5	3
3	4	6	5	1	7	2	8	9

130

2	1	7	9	8	6	4	5	3
3	5	8	7	4	2	9	6	1
6	9	4	3	5	1	2	7	8
7	6	2	4	3	8	1	9	5
9	4	3	6	1	5	8	2	7
5	8	1	2	7	9	3	4	6
8	2	5	1	6	4	7	3	9
4	7	6	8	9	3	5	1	2
1	3	9	5	2	7	6	8	4

131

8	5	3	7	1	4	9	6	2
7	9	6	3	5	2	8	4	1
1	4	2	8	9	6	7	3	5
6	8	1	2	3	9	5	7	4
3	7	9	4	8	5	1	2	6
4	2	5	6	7	1	3	8	9
9	6	8	1	4	7	2	5	3
2	1	7	5	6	3	4	9	8
5	3	4	9	2	8	6	1	7

132

9	4	2	3	7	6	5	1	8
3	7	1	8	9	5	2	4	6
6	8	5	2	4	1	7	9	3
8	5	6	1	3	7	9	2	4
2	9	4	6	5	8	3	7	1
7	1	3	9	2	4	6	8	5
1	3	9	4	6	2	8	5	7
4	6	7	5	8	9	1	3	2
5	2	8	7	1	3	4	6	9

133

4	9	6	8	1	3	7	5	2
8	7	3	2	9	5	4	6	1
2	1	5	4	7	6	8	9	3
6	3	4	1	5	2	9	8	7
7	2	1	9	6	8	3	4	5
5	8	9	7	3	4	1	2	6
1	4	7	5	2	9	6	3	8
3	5	8	6	4	1	2	7	9
9	6	2	3	8	7	5	1	4

134

5	4	8	6	7	2	3	9	1
9	1	3	4	8	5	6	7	2
6	7	2	1	3	9	8	4	5
3	2	7	8	9	6	5	1	4
1	6	4	2	5	7	9	3	8
8	9	5	3	4	1	2	6	7
4	3	1	5	6	8	7	2	9
2	5	9	7	1	3	4	8	6
7	8	6	9	2	4	1	5	3

135

4	3	5	6	9	7	1	8	2
1	2	9	3	8	5	6	7	4
8	7	6	1	2	4	3	9	5
6	9	3	5	1	8	2	4	7
2	1	4	9	7	6	8	5	3
5	8	7	4	3	2	9	6	1
9	5	2	8	4	1	7	3	6
7	4	8	2	6	3	5	1	9
3	6	1	7	5	9	4	2	8

136

4	2	6	8	7	9	5	3	1
8	3	9	5	6	1	2	4	7
1	7	5	2	4	3	8	9	6
6	5	8	9	2	7	4	1	3
2	4	3	6	1	5	7	8	9
7	9	1	3	8	4	6	2	5
9	6	4	7	3	2	1	5	8
5	8	2	1	9	6	3	7	4
3	1	7	4	5	8	9	6	2

137

9	4	7	1	3	5	6	8	2
2	3	8	6	9	4	5	1	7
5	6	1	7	8	2	4	3	9
6	8	4	2	7	9	1	5	3
1	5	9	4	6	3	7	2	8
7	2	3	5	1	8	9	4	6
4	9	5	8	2	7	3	6	1
3	1	2	9	4	6	8	7	5
8	7	6	3	5	1	2	9	4

138

3	1	2	6	9	4	8	5	7
7	8	5	3	2	1	6	4	9
9	4	6	8	7	5	2	3	1
1	2	3	7	6	8	5	9	4
5	9	7	1	4	2	3	8	6
4	6	8	9	5	3	1	7	2
2	5	1	4	3	9	7	6	8
8	7	4	5	1	6	9	2	3
6	3	9	2	8	7	4	1	5

139

4	1	3	8	5	7	9	6	2
5	8	2	1	6	9	3	4	7
9	6	7	2	3	4	5	1	8
1	2	6	5	9	8	4	7	3
7	5	8	4	2	3	1	9	6
3	9	4	6	7	1	8	2	5
2	3	9	7	1	5	6	8	4
6	4	1	3	8	2	7	5	9
8	7	5	9	4	6	2	3	1

140

7	4	3	6	1	9	5	2	8
1	5	2	7	8	3	6	9	4
6	9	8	5	4	2	7	3	1
2	8	1	9	6	4	3	7	5
3	6	5	2	7	1	4	8	9
9	7	4	3	5	8	1	6	2
4	3	6	8	2	5	9	1	7
5	2	7	1	9	6	8	4	3
8	1	9	4	3	7	2	5	6

141

8	9	7	5	2	6	3	1	4
5	6	1	3	4	9	7	2	8
2	3	4	8	1	7	5	9	6
1	4	2	9	8	3	6	7	5
7	5	3	1	6	4	2	8	9
9	8	6	2	7	5	4	3	1
4	1	5	7	9	2	8	6	3
3	2	9	6	5	8	1	4	7
6	7	8	4	3	1	9	5	2

142

8	1	9	6	2	3	4	7	5
2	5	4	7	9	1	8	3	6
7	3	6	8	4	5	2	9	1
3	8	5	2	6	7	9	1	4
6	9	7	1	3	4	5	2	8
1	4	2	5	8	9	7	6	3
4	6	8	9	1	2	3	5	7
9	7	1	3	5	8	6	4	2
5	2	3	4	7	6	1	8	9

143

3	5	1	4	2	8	9	7	6
8	2	6	7	9	1	5	4	3
9	7	4	6	3	5	8	2	1
6	4	8	1	7	9	3	5	2
7	1	9	3	5	2	4	6	8
2	3	5	8	4	6	1	9	7
4	8	2	5	6	3	7	1	9
5	9	3	2	1	7	6	8	4
1	6	7	9	8	4	2	3	5

144

5	7	8	9	3	6	1	4	2
4	3	6	2	1	7	8	9	5
9	2	1	8	4	5	7	3	6
2	8	5	1	7	4	3	6	9
6	9	7	3	8	2	5	1	4
1	4	3	5	6	9	2	7	8
8	6	4	7	2	3	9	5	1
7	5	2	6	9	1	4	8	3
3	1	9	4	5	8	6	2	7

145

3	1	5	8	6	2	4	7	9
4	7	6	9	1	5	3	2	8
9	2	8	3	7	4	6	1	5
2	4	1	6	5	8	9	3	7
5	9	7	1	4	3	2	8	6
6	8	3	2	9	7	1	5	4
7	5	9	4	3	1	8	6	2
8	3	4	5	2	6	7	9	1
1	6	2	7	8	9	5	4	3

146

9	6	8	3	7	1	5	4	2
7	4	3	2	9	5	1	6	8
1	2	5	6	8	4	3	9	7
3	7	9	1	6	8	4	2	5
8	1	6	4	5	2	7	3	9
2	5	4	9	3	7	6	8	1
4	9	7	8	1	6	2	5	3
6	3	1	5	2	9	8	7	4
5	8	2	7	4	3	9	1	6

147

8	4	6	2	3	5	1	7	9
9	1	7	8	6	4	2	5	3
3	5	2	1	9	7	6	8	4
4	6	8	9	2	1	7	3	5
7	3	9	4	5	6	8	1	2
5	2	1	3	7	8	4	9	6
6	7	4	5	8	3	9	2	1
1	9	5	7	4	2	3	6	8
2	8	3	6	1	9	5	4	7

148

2	5	4	7	8	9	3	6	1
3	9	8	2	6	1	7	5	4
1	7	6	5	3	4	8	9	2
4	2	5	6	1	7	9	3	8
9	8	3	4	5	2	6	1	7
6	1	7	8	9	3	4	2	5
8	6	2	3	4	5	1	7	9
5	4	9	1	7	6	2	8	3
7	3	1	9	2	8	5	4	6

149

4	2	1	9	7	5	8	6	3
5	7	9	8	3	6	4	2	1
6	3	8	4	2	1	7	9	5
1	8	7	3	4	9	6	5	2
3	4	5	6	8	2	9	1	7
9	6	2	5	1	7	3	8	4
7	1	6	2	9	4	5	3	8
2	5	3	7	6	8	1	4	9
8	9	4	1	5	3	2	7	6

150

7	1	4	2	8	9	5	6	3
6	2	8	5	3	1	7	4	9
5	3	9	4	6	7	2	1	8
4	5	2	1	9	3	6	8	7
8	9	1	7	5	6	4	3	2
3	7	6	8	2	4	9	5	1
2	4	7	3	1	5	8	9	6
9	8	3	6	4	2	1	7	5
1	6	5	9	7	8	3	2	4

151

9	5	6	4	2	8	7	3	1
1	8	3	7	6	5	9	2	4
7	2	4	3	1	9	5	8	6
2	9	8	5	4	6	1	7	3
5	6	7	1	9	3	2	4	8
3	4	1	8	7	2	6	9	5
4	1	9	6	8	7	3	5	2
6	7	5	2	3	4	8	1	9
8	3	2	9	5	1	4	6	7

152

3	8	4	6	5	7	2	9	1
9	6	5	2	3	1	7	8	4
1	7	2	9	8	4	5	3	6
6	2	1	5	7	3	8	4	9
4	9	7	8	2	6	1	5	3
5	3	8	1	4	9	6	7	2
8	5	9	3	1	2	4	6	7
2	4	3	7	6	8	9	1	5
7	1	6	4	9	5	3	2	8

153

2	4	7	5	8	6	3	9	1
6	5	9	2	3	1	8	4	7
1	8	3	9	7	4	5	2	6
5	3	1	8	6	2	4	7	9
8	6	2	4	9	7	1	3	5
9	7	4	1	5	3	2	6	8
4	1	8	6	2	9	7	5	3
7	2	6	3	1	5	9	8	4
3	9	5	7	4	8	6	1	2

154

7	1	5	8	3	4	9	2	6
4	8	3	9	2	6	5	7	1
9	2	6	1	5	7	3	8	4
3	7	4	5	8	1	6	9	2
1	9	8	6	4	2	7	5	3
5	6	2	3	7	9	4	1	8
8	5	1	4	9	3	2	6	7
2	3	9	7	6	8	1	4	5
6	4	7	2	1	5	8	3	9

155

4	9	8	2	1	3	5	7	6
2	1	3	5	7	6	4	9	8
5	7	6	4	9	8	2	1	3
3	4	9	6	2	1	8	5	7
8	5	7	3	4	9	6	2	1
6	2	1	8	5	7	3	4	9
9	8	5	1	3	4	7	6	2
1	3	4	7	6	2	9	8	5
7	6	2	9	8	5	1	3	4

156

1	7	6	8	2	3	4	5	9
5	9	2	6	4	1	8	3	7
8	4	3	7	9	5	6	2	1
2	3	7	9	1	6	5	8	4
4	5	8	2	3	7	1	9	6
9	6	1	4	5	8	2	7	3
7	2	4	1	8	9	3	6	5
3	1	9	5	6	2	7	4	8
6	8	5	3	7	4	9	1	2

157

8	7	1	9	4	2	3	5	6
9	6	2	3	8	5	4	1	7
5	4	3	6	7	1	8	2	9
4	1	8	5	2	6	7	9	3
7	5	6	8	9	3	2	4	1
3	2	9	7	1	4	5	6	8
2	9	5	1	3	7	6	8	4
1	3	4	2	6	8	9	7	5
6	8	7	4	5	9	1	3	2

158

1	9	7	8	3	5	2	6	4
8	5	3	6	2	4	7	1	9
6	4	2	1	7	9	3	8	5
7	6	9	3	5	1	4	2	8
2	8	4	7	9	6	5	3	1
3	1	5	2	4	8	9	7	6
4	3	8	9	6	2	1	5	7
9	2	6	5	1	7	8	4	3
5	7	1	4	8	3	6	9	2

159

2	5	4	9	3	7	8	6	1
1	6	7	8	4	5	2	3	9
8	9	3	6	2	1	5	7	4
4	1	6	2	5	9	7	8	3
5	2	9	3	7	8	4	1	6
7	3	8	4	1	6	9	5	2
9	7	2	5	6	3	1	4	8
6	8	5	1	9	4	3	2	7
3	4	1	7	8	2	6	9	5

160

4	2	7	1	3	6	8	5	9
8	1	6	4	5	9	2	3	7
3	9	5	7	8	2	6	1	4
9	5	3	2	1	8	4	7	6
6	8	4	5	7	3	1	9	2
1	7	2	9	6	4	3	8	5
2	4	8	3	9	5	7	6	1
5	3	1	6	2	7	9	4	8
7	6	9	8	4	1	5	2	3

161

3	2	4	7	8	1	5	6	9
1	8	6	5	3	9	4	2	7
7	9	5	6	2	4	8	3	1
9	5	7	8	1	6	3	4	2
4	3	2	9	5	7	1	8	6
8	6	1	2	4	3	7	9	5
6	1	3	4	7	2	9	5	8
2	7	8	3	9	5	6	1	4
5	4	9	1	6	8	2	7	3

162

1	9	2	8	5	6	3	4	7
6	3	4	9	7	2	5	1	8
8	5	7	1	4	3	6	9	2
2	4	9	7	3	5	8	6	1
7	6	5	4	1	8	2	3	9
3	8	1	2	6	9	7	5	4
4	7	3	6	8	1	9	2	5
5	2	8	3	9	4	1	7	6
9	1	6	5	2	7	4	8	3

163

9	5	4	3	2	7	6	8	1
7	8	2	6	1	4	3	5	9
3	1	6	5	8	9	7	4	2
2	9	1	8	4	6	5	3	7
5	7	8	1	9	3	2	6	4
6	4	3	7	5	2	9	1	8
8	6	9	4	7	5	1	2	3
1	3	7	2	6	8	4	9	5
4	2	5	9	3	1	8	7	6

164

1	5	7	6	4	3	2	9	8
8	2	6	5	9	1	3	4	7
4	9	3	2	8	7	5	6	1
2	3	4	1	5	9	8	7	6
5	1	9	7	6	8	4	3	2
6	7	8	4	3	2	9	1	5
9	6	1	3	2	5	7	8	4
7	8	2	9	1	4	6	5	3
3	4	5	8	7	6	1	2	9

165

2	1	9	6	7	4	8	3	5
8	7	4	3	1	5	2	6	9
3	6	5	2	8	9	4	7	1
6	4	2	8	5	7	9	1	3
7	9	8	1	3	2	6	5	4
1	5	3	4	9	6	7	2	8
4	3	1	7	6	8	5	9	2
5	8	7	9	2	3	1	4	6
9	2	6	5	4	1	3	8	7

166

1	8	9	4	5	6	2	3	7
7	4	3	8	9	2	5	6	1
6	2	5	1	7	3	4	9	8
4	9	8	7	2	1	6	5	3
3	7	1	6	4	5	8	2	9
2	5	6	9	3	8	7	1	4
9	3	2	5	8	4	1	7	6
5	1	4	3	6	7	9	8	2
8	6	7	2	1	9	3	4	5

167

3	8	5	4	2	1	9	7	6
6	2	1	5	9	7	3	4	8
9	7	4	3	8	6	2	1	5
1	4	9	8	7	3	5	6	2
2	5	8	1	6	4	7	9	3
7	3	6	2	5	9	1	8	4
8	9	3	7	4	2	6	5	1
4	6	2	9	1	5	8	3	7
5	1	7	6	3	8	4	2	9

168

5	3	8	9	1	6	2	7	4
9	6	1	7	2	4	8	5	3
7	4	2	5	8	3	1	9	6
6	8	5	4	9	1	7	3	2
3	2	7	6	5	8	9	4	1
4	1	9	3	7	2	5	6	8
8	7	3	1	6	5	4	2	9
1	5	6	2	4	9	3	8	7
2	9	4	8	3	7	6	1	5

169

6	7	4	9	8	1	2	5	3
9	3	8	6	2	5	4	1	7
2	5	1	7	3	4	9	6	8
3	8	2	4	6	7	5	9	1
7	4	9	5	1	8	6	3	2
5	1	6	2	9	3	8	7	4
1	6	3	8	4	9	7	2	5
8	9	5	3	7	2	1	4	6
4	2	7	1	5	6	3	8	9

170

4	8	3	5	2	1	6	7	9
5	7	2	6	4	9	1	3	8
1	6	9	3	7	8	2	4	5
2	1	6	7	5	4	9	8	3
3	4	8	9	1	2	7	5	6
9	5	7	8	3	6	4	1	2
8	2	1	4	6	5	3	9	7
7	9	4	2	8	3	5	6	1
6	3	5	1	9	7	8	2	4

171

8	9	3	4	2	6	5	1	7
2	5	4	7	1	9	3	6	8
1	7	6	3	8	5	9	2	4
7	8	9	5	6	2	1	4	3
6	1	2	9	3	4	8	7	5
3	4	5	1	7	8	2	9	6
5	2	7	8	4	1	6	3	9
9	3	1	6	5	7	4	8	2
4	6	8	2	9	3	7	5	1

172

6	7	1	8	9	2	5	4	3
8	2	4	6	5	3	7	9	1
3	9	5	1	4	7	2	6	8
5	3	6	2	1	4	8	7	9
9	8	2	7	6	5	1	3	4
4	1	7	3	8	9	6	5	2
2	6	9	4	7	1	3	8	5
1	4	8	5	3	6	9	2	7
7	5	3	9	2	8	4	1	6

173

9	4	1	5	2	6	8	7	3
5	2	6	3	7	8	4	1	9
3	7	8	1	9	4	5	2	6
6	8	7	2	3	5	9	4	1
1	3	5	4	8	9	7	6	2
4	9	2	7	6	1	3	8	5
7	1	9	6	4	3	2	5	8
8	6	4	9	5	2	1	3	7
2	5	3	8	1	7	6	9	4

174

8	1	5	6	4	7	2	3	9
7	9	4	2	5	3	1	8	6
2	3	6	9	1	8	4	7	5
4	8	1	5	2	9	7	6	3
6	5	7	8	3	4	9	1	2
3	2	9	7	6	1	5	4	8
5	4	2	3	7	6	8	9	1
1	6	8	4	9	2	3	5	7
9	7	3	1	8	5	6	2	4

175

3	2	4	6	1	7	5	9	8
8	6	7	3	5	9	1	4	2
9	1	5	2	8	4	7	3	6
1	3	6	5	7	8	9	2	4
5	7	9	4	6	2	8	1	3
4	8	2	9	3	1	6	7	5
2	4	8	1	9	6	3	5	7
6	5	1	7	4	3	2	8	9
7	9	3	8	2	5	4	6	1

176

8	1	5	2	9	3	7	4	6
4	6	7	5	8	1	2	3	9
9	2	3	7	4	6	8	1	5
1	4	2	6	3	8	9	5	7
3	7	8	9	1	5	4	6	2
5	9	6	4	2	7	3	8	1
6	3	1	8	7	2	5	9	4
7	8	9	1	5	4	6	2	3
2	5	4	3	6	9	1	7	8

177

9	8	1	3	6	4	7	5	2
7	6	5	9	2	8	3	1	4
4	3	2	7	5	1	9	8	6
8	4	9	2	7	5	1	6	3
1	5	3	4	8	6	2	7	9
6	2	7	1	9	3	8	4	5
3	9	8	5	4	7	6	2	1
5	1	6	8	3	2	4	9	7
2	7	4	6	1	9	5	3	8

178

9	8	6	1	2	4	7	3	5
3	5	7	9	6	8	2	1	4
1	4	2	3	7	5	6	9	8
2	3	4	7	5	9	8	6	1
6	1	8	2	4	3	5	7	9
7	9	5	6	8	1	4	2	3
5	6	9	8	1	2	3	4	7
4	7	3	5	9	6	1	8	2
8	2	1	4	3	7	9	5	6

179

2	8	6	5	9	7	4	3	1
4	5	7	1	6	3	9	2	8
1	9	3	4	2	8	5	7	6
3	4	9	7	8	5	6	1	2
7	6	8	2	4	1	3	5	9
5	1	2	9	3	6	7	8	4
6	2	5	3	1	4	8	9	7
9	3	4	8	7	2	1	6	5
8	7	1	6	5	9	2	4	3

180

1	7	6	5	8	3	2	4	9
9	8	5	7	2	4	6	3	1
2	4	3	9	6	1	7	8	5
4	3	9	8	5	6	1	7	2
8	5	7	2	1	9	4	6	3
6	1	2	4	3	7	9	5	8
7	9	1	3	4	5	8	2	6
3	2	4	6	9	8	5	1	7
5	6	8	1	7	2	3	9	4

181

1	3	5	6	7	4	9	8	2
6	7	2	8	5	9	4	3	1
8	9	4	3	2	1	6	5	7
9	8	1	4	3	6	7	2	5
5	4	3	2	9	7	8	1	6
7	2	6	5	1	8	3	4	9
3	6	9	1	4	5	2	7	8
4	5	8	7	6	2	1	9	3
2	1	7	9	8	3	5	6	4

182

4	1	3	8	7	2	5	6	9
7	2	9	5	6	3	8	1	4
8	5	6	1	4	9	2	7	3
6	3	2	4	9	5	7	8	1
5	8	4	7	3	1	6	9	2
1	9	7	6	2	8	4	3	5
9	4	5	3	8	6	1	2	7
2	7	8	9	1	4	3	5	6
3	6	1	2	5	7	9	4	8

183

7	5	9	6	1	8	3	4	2
8	1	2	3	4	7	6	5	9
6	3	4	9	2	5	1	7	8
9	4	5	1	3	2	8	6	7
2	6	1	8	7	4	9	3	5
3	8	7	5	6	9	2	1	4
1	9	8	4	5	3	7	2	6
4	2	3	7	8	6	5	9	1
5	7	6	2	9	1	4	8	3

184

2	6	3	9	7	8	4	1	5
5	4	7	6	3	1	2	9	8
1	9	8	5	4	2	3	6	7
4	2	5	1	9	7	6	8	3
3	8	6	4	2	5	1	7	9
9	7	1	3	8	6	5	2	4
8	3	4	2	1	9	7	5	6
7	5	2	8	6	3	9	4	1
6	1	9	7	5	4	8	3	2

185

3	9	5	4	6	8	1	7	2
7	6	1	5	2	9	4	3	8
2	8	4	7	1	3	6	5	9
5	2	9	6	3	7	8	4	1
1	4	7	9	8	5	2	6	3
6	3	8	2	4	1	7	9	5
8	1	6	3	5	4	9	2	7
9	5	2	8	7	6	3	1	4
4	7	3	1	9	2	5	8	6

186

1	5	2	3	6	4	9	8	7
4	6	7	8	9	5	2	3	1
9	8	3	1	2	7	6	4	5
6	3	1	7	5	9	8	2	4
8	4	9	6	1	2	5	7	3
2	7	5	4	8	3	1	9	6
3	9	8	5	7	6	4	1	2
5	1	4	2	3	8	7	6	9
7	2	6	9	4	1	3	5	8

187

7	4	3	5	6	9	1	8	2
6	8	2	3	7	1	9	4	5
1	5	9	8	2	4	3	6	7
3	7	6	1	8	2	4	5	9
2	1	8	4	9	5	7	3	6
5	9	4	6	3	7	8	2	1
4	6	7	2	1	8	5	9	3
9	2	5	7	4	3	6	1	8
8	3	1	9	5	6	2	7	4

188

1	7	8	4	3	6	2	9	5
9	6	3	7	5	2	8	4	1
2	5	4	9	1	8	7	6	3
3	9	5	8	6	4	1	2	7
8	1	2	3	9	7	4	5	6
7	4	6	5	2	1	9	3	8
4	3	1	6	7	9	5	8	2
5	8	7	2	4	3	6	1	9
6	2	9	1	8	5	3	7	4

189

5	7	3	8	6	4	2	9	1
4	8	1	9	5	2	6	7	3
2	9	6	3	7	1	4	5	8
1	2	5	6	9	7	8	3	4
9	3	7	4	2	8	1	6	5
6	4	8	5	1	3	7	2	9
7	5	2	1	8	9	3	4	6
3	1	9	7	4	6	5	8	2
8	6	4	2	3	5	9	1	7

190

4	7	5	1	6	8	9	2	3
9	6	3	5	2	4	7	8	1
8	2	1	3	7	9	5	4	6
1	9	8	7	4	5	6	3	2
7	5	6	2	8	3	4	1	9
2	3	4	6	9	1	8	5	7
5	8	2	9	3	6	1	7	4
3	4	9	8	1	7	2	6	5
6	1	7	4	5	2	3	9	8

191

2	1	5	8	6	7	3	4	9
4	6	9	1	3	5	8	7	2
3	7	8	2	9	4	6	5	1
1	8	3	9	5	2	7	6	4
9	2	4	7	8	6	1	3	5
7	5	6	3	4	1	2	9	8
6	9	1	4	2	3	5	8	7
8	3	2	5	7	9	4	1	6
5	4	7	6	1	8	9	2	3

192

8	1	2	7	3	4	5	9	6
7	6	9	5	1	2	4	8	3
3	4	5	6	9	8	2	7	1
5	8	3	2	6	1	9	4	7
6	2	4	9	5	7	1	3	8
9	7	1	4	8	3	6	2	5
4	3	6	1	7	9	8	5	2
2	5	8	3	4	6	7	1	9
1	9	7	8	2	5	3	6	4

193

4	9	7	8	1	2	5	3	6
2	1	3	9	5	6	8	4	7
5	8	6	7	4	3	9	1	2
9	6	1	3	7	5	4	2	8
8	7	5	2	9	4	1	6	3
3	2	4	6	8	1	7	5	9
1	3	8	4	6	7	2	9	5
6	5	9	1	2	8	3	7	4
7	4	2	5	3	9	6	8	1

194

6	3	2	8	4	9	7	1	5
8	1	7	3	2	5	9	6	4
4	9	5	7	6	1	2	8	3
5	7	3	1	9	8	4	2	6
2	6	1	4	7	3	5	9	8
9	8	4	2	5	6	1	3	7
1	2	8	5	3	4	6	7	9
7	4	6	9	8	2	3	5	1
3	5	9	6	1	7	8	4	2

195

7	3	4	2	9	1	8	5	6
9	2	5	8	6	3	1	7	4
6	1	8	4	7	5	3	9	2
2	6	1	3	5	7	9	4	8
5	9	7	1	8	4	6	2	3
8	4	3	9	2	6	7	1	5
4	5	6	7	1	8	2	3	9
3	7	2	6	4	9	5	8	1
1	8	9	5	3	2	4	6	7

196

4	5	8	3	9	6	2	1	7
3	9	7	4	1	2	6	5	8
1	6	2	8	7	5	4	3	9
7	1	9	5	4	8	3	2	6
8	3	5	2	6	9	7	4	1
2	4	6	1	3	7	8	9	5
6	7	4	9	5	3	1	8	2
9	2	3	7	8	1	5	6	4
5	8	1	6	2	4	9	7	3

197

7	1	4	3	6	5	8	9	2
6	9	3	7	2	8	5	1	4
5	8	2	4	1	9	7	3	6
1	5	9	8	4	2	6	7	3
8	2	7	6	5	3	1	4	9
3	4	6	9	7	1	2	5	8
9	3	1	5	8	6	4	2	7
2	7	8	1	3	4	9	6	5
4	6	5	2	9	7	3	8	1

198

4	9	7	5	8	1	3	2	6
2	5	1	6	7	3	4	8	9
3	8	6	9	2	4	1	7	5
7	1	9	4	6	2	5	3	8
6	4	5	3	9	8	2	1	7
8	3	2	1	5	7	9	6	4
9	6	3	8	1	5	7	4	2
5	7	4	2	3	6	8	9	1
1	2	8	7	4	9	6	5	3

199

5	8	6	7	4	2	3	1	9
4	3	9	8	1	6	5	7	2
1	7	2	3	5	9	8	6	4
6	9	3	1	2	7	4	5	8
7	5	1	4	9	8	6	2	3
8	2	4	5	6	3	1	9	7
3	1	5	2	7	4	9	8	6
9	4	7	6	8	5	2	3	1
2	6	8	9	3	1	7	4	5

200

9	6	4	2	5	3	1	8	7
5	2	1	8	7	9	3	6	4
8	7	3	4	1	6	2	9	5
4	3	2	7	8	5	9	1	6
6	5	9	3	2	1	4	7	8
7	1	8	6	9	4	5	2	3
1	9	6	5	3	7	8	4	2
3	8	7	1	4	2	6	5	9
2	4	5	9	6	8	7	3	1

201

8	6	4	3	1	5	2	7	9
7	9	3	8	6	2	1	4	5
2	1	5	7	9	4	6	3	8
9	8	7	5	3	6	4	1	2
4	3	1	9	2	8	5	6	7
6	5	2	4	7	1	8	9	3
3	4	8	6	5	7	9	2	1
1	7	6	2	8	9	3	5	4
5	2	9	1	4	3	7	8	6

202

4	9	3	1	8	5	7	6	2
7	1	5	6	2	9	3	8	4
8	6	2	3	4	7	5	9	1
3	4	8	7	6	2	9	1	5
2	7	6	9	5	1	4	3	8
1	5	9	8	3	4	6	2	7
5	2	1	4	9	3	8	7	6
9	8	4	2	7	6	1	5	3
6	3	7	5	1	8	2	4	9

203

5	2	4	9	3	6	7	1	8
3	8	9	1	7	4	2	5	6
7	1	6	8	5	2	9	4	3
1	3	2	6	4	7	5	8	9
4	6	8	5	9	3	1	2	7
9	7	5	2	1	8	3	6	4
8	4	1	7	2	9	6	3	5
6	5	7	3	8	1	4	9	2
2	9	3	4	6	5	8	7	1

204

9	3	6	4	1	2	5	8	7
7	4	8	5	9	6	3	1	2
5	1	2	7	8	3	4	6	9
8	7	3	6	5	4	2	9	1
4	6	5	1	2	9	8	7	3
2	9	1	3	7	8	6	4	5
6	5	4	9	3	7	1	2	8
1	2	9	8	6	5	7	3	4
3	8	7	2	4	1	9	5	6

205

3	4	6	8	1	2	7	5	9
8	1	5	9	3	7	6	4	2
2	9	7	6	4	5	1	3	8
1	5	8	3	6	4	2	9	7
6	3	4	2	7	9	8	1	5
9	7	2	5	8	1	3	6	4
5	8	3	4	2	6	9	7	1
4	2	1	7	9	3	5	8	6
7	6	9	1	5	8	4	2	3

206

8	2	9	5	3	7	6	1	4
1	5	3	6	9	4	7	8	2
4	7	6	1	2	8	9	5	3
5	1	7	8	6	2	3	4	9
6	9	8	3	4	1	5	2	7
2	3	4	9	7	5	1	6	8
7	6	2	4	1	3	8	9	5
9	4	5	7	8	6	2	3	1
3	8	1	2	5	9	4	7	6

207

8	2	6	7	4	1	9	5	3
1	7	4	9	5	3	6	8	2
9	5	3	2	6	8	4	7	1
6	3	5	4	8	9	1	2	7
2	9	7	3	1	5	8	6	4
4	8	1	6	7	2	3	9	5
7	6	2	1	9	4	5	3	8
5	4	9	8	3	7	2	1	6
3	1	8	5	2	6	7	4	9

208

4	2	3	6	1	8	9	7	5
8	7	6	5	9	2	1	4	3
1	5	9	3	7	4	6	8	2
7	3	4	1	2	5	8	9	6
6	9	5	4	8	3	7	2	1
2	1	8	7	6	9	5	3	4
3	4	7	8	5	1	2	6	9
9	8	1	2	3	6	4	5	7
5	6	2	9	4	7	3	1	8

209

7	2	3	1	5	4	8	6	9
6	4	8	2	9	3	7	1	5
5	1	9	8	6	7	4	2	3
8	7	6	5	3	1	2	9	4
4	9	2	6	7	8	5	3	1
1	3	5	4	2	9	6	7	8
9	8	1	7	4	2	3	5	6
3	5	7	9	8	6	1	4	2
2	6	4	3	1	5	9	8	7

210

9	2	3	8	5	7	1	6	4
5	6	4	3	1	2	7	8	9
1	7	8	4	9	6	2	5	3
8	3	2	6	4	5	9	1	7
6	1	5	7	3	9	8	4	2
7	4	9	2	8	1	5	3	6
4	8	7	5	2	3	6	9	1
2	5	1	9	6	4	3	7	8
3	9	6	1	7	8	4	2	5

211

4	6	7	1	2	9	3	5	8
2	8	3	6	4	5	1	7	9
5	9	1	7	3	8	4	6	2
7	3	5	2	9	1	8	4	6
6	4	8	3	5	7	9	2	1
1	2	9	8	6	4	5	3	7
3	7	4	9	8	6	2	1	5
8	1	2	5	7	3	6	9	4
9	5	6	4	1	2	7	8	3

212

7	5	9	3	2	6	8	1	4
4	1	8	7	9	5	6	2	3
6	2	3	1	8	4	9	7	5
1	7	4	8	5	3	2	6	9
8	9	5	6	4	2	1	3	7
2	3	6	9	1	7	4	5	8
3	8	1	2	7	9	5	4	6
5	6	2	4	3	8	7	9	1
9	4	7	5	6	1	3	8	2

213

8	4	7	5	6	9	3	1	2
9	3	2	4	7	1	8	5	6
6	1	5	8	3	2	9	4	7
1	6	8	7	2	4	5	3	9
2	5	4	9	1	3	6	7	8
3	7	9	6	8	5	4	2	1
5	2	6	3	9	7	1	8	4
4	8	1	2	5	6	7	9	3
7	9	3	1	4	8	2	6	5

214

2	9	1	3	4	7	6	8	5
5	6	7	2	9	8	3	1	4
8	4	3	6	1	5	7	9	2
7	5	6	8	3	4	9	2	1
9	1	2	7	5	6	8	4	3
3	8	4	1	2	9	5	6	7
4	7	9	5	6	1	2	3	8
1	3	8	9	7	2	4	5	6
6	2	5	4	8	3	1	7	9

215

7	6	2	3	9	5	4	8	1
5	3	9	8	1	4	2	6	7
1	4	8	2	7	6	9	5	3
9	1	5	7	4	3	8	2	6
2	8	3	5	6	9	1	7	4
6	7	4	1	2	8	3	9	5
4	5	6	9	8	1	7	3	2
8	2	1	6	3	7	5	4	9
3	9	7	4	5	2	6	1	8

216

8	3	9	4	2	1	7	6	5
1	2	6	5	3	7	9	8	4
5	7	4	9	8	6	3	1	2
2	5	7	3	1	8	4	9	6
6	8	3	2	4	9	5	7	1
9	4	1	7	6	5	2	3	8
4	6	5	8	7	3	1	2	9
7	9	8	1	5	2	6	4	3
3	1	2	6	9	4	8	5	7

217

4	6	5	1	9	3	7	8	2
7	1	3	5	2	8	6	9	4
2	9	8	6	7	4	1	5	3
8	3	1	2	4	9	5	7	6
9	5	7	3	6	1	4	2	8
6	2	4	8	5	7	9	3	1
3	7	6	9	1	2	8	4	5
1	8	9	4	3	5	2	6	7
5	4	2	7	8	6	3	1	9

218

6	7	2	9	4	1	3	5	8
1	4	8	3	5	7	2	6	9
5	9	3	8	2	6	1	4	7
7	3	5	6	8	9	4	2	1
8	6	9	4	1	2	7	3	5
4	2	1	7	3	5	8	9	6
2	1	4	5	6	8	9	7	3
9	8	6	2	7	3	5	1	4
3	5	7	1	9	4	6	8	2

219

5	8	4	2	6	7	1	9	3
9	6	2	3	4	1	7	5	8
7	3	1	8	9	5	6	2	4
8	2	7	4	3	9	5	1	6
3	5	9	1	7	6	8	4	2
4	1	6	5	2	8	3	7	9
6	7	3	9	5	4	2	8	1
1	4	5	6	8	2	9	3	7
2	9	8	7	1	3	4	6	5

220

8	9	5	4	7	2	3	1	6
2	6	7	9	1	3	8	4	5
3	1	4	8	6	5	7	2	9
5	2	1	3	4	9	6	7	8
7	3	8	2	5	6	1	9	4
9	4	6	1	8	7	2	5	3
6	8	2	5	9	1	4	3	7
4	5	3	7	2	8	9	6	1
1	7	9	6	3	4	5	8	2

221

9	2	4	5	3	6	1	7	8
6	5	3	8	1	7	9	2	4
8	1	7	9	2	4	5	3	6
3	6	5	7	8	1	4	9	2
7	8	1	4	9	2	6	5	3
4	9	2	6	5	3	8	1	7
1	7	8	2	4	9	3	6	5
2	4	9	3	6	5	7	8	1
5	3	6	1	7	8	2	4	9

222

1	9	4	8	7	6	3	2	5
6	5	7	2	3	9	8	4	1
2	8	3	4	1	5	9	7	6
3	2	1	9	5	4	6	8	7
8	7	6	1	2	3	4	5	9
5	4	9	7	6	8	1	3	2
9	6	8	5	4	7	2	1	3
4	1	5	3	9	2	7	6	8
7	3	2	6	8	1	5	9	4

223

7	6	4	3	5	2	8	1	9
3	8	9	6	1	7	5	4	2
5	2	1	9	8	4	3	6	7
9	1	2	7	6	8	4	3	5
6	7	8	4	3	5	2	9	1
4	5	3	2	9	1	7	8	6
1	3	5	8	2	6	9	7	4
8	4	6	5	7	9	1	2	3
2	9	7	1	4	3	6	5	8

224

7	3	4	8	6	2	5	9	1
2	1	9	3	5	4	7	8	6
5	6	8	9	1	7	3	4	2
1	5	3	6	4	8	9	2	7
6	4	2	1	7	9	8	3	5
9	8	7	2	3	5	1	6	4
8	9	6	5	2	1	4	7	3
4	2	5	7	8	3	6	1	9
3	7	1	4	9	6	2	5	8

225

9	3	6	8	7	1	5	2	4
1	5	8	3	2	4	7	9	6
7	4	2	9	5	6	8	3	1
6	1	7	5	4	9	3	8	2
3	2	4	1	8	7	9	6	5
8	9	5	2	6	3	1	4	7
5	8	3	6	1	2	4	7	9
2	7	9	4	3	5	6	1	8
4	6	1	7	9	8	2	5	3

226

1	6	7	9	3	5	4	8	2
3	2	5	8	4	1	9	7	6
4	9	8	6	2	7	5	3	1
8	1	9	3	7	6	2	4	5
5	3	2	1	8	4	7	6	9
6	7	4	5	9	2	8	1	3
7	8	6	2	5	3	1	9	4
9	5	1	4	6	8	3	2	7
2	4	3	7	1	9	6	5	8

227

5	4	8	3	1	2	9	6	7
2	9	3	7	4	6	5	1	8
6	1	7	8	9	5	3	2	4
1	8	2	4	5	7	6	3	9
9	3	4	1	6	8	2	7	5
7	5	6	9	2	3	4	8	1
3	6	1	5	8	4	7	9	2
4	7	9	2	3	1	8	5	6
8	2	5	6	7	9	1	4	3

228

9	3	4	1	2	5	7	6	8
5	1	8	6	7	3	2	9	4
2	7	6	4	8	9	3	1	5
6	2	9	5	1	7	4	8	3
1	5	7	3	4	8	6	2	9
8	4	3	9	6	2	5	7	1
7	8	1	2	3	4	9	5	6
4	6	5	7	9	1	8	3	2
3	9	2	8	5	6	1	4	7

229

7	5	2	3	6	8	4	9	1
3	6	4	9	5	1	8	7	2
8	9	1	7	4	2	3	6	5
9	1	6	5	8	3	7	2	4
5	4	8	2	1	7	6	3	9
2	3	7	4	9	6	5	1	8
6	8	9	1	3	5	2	4	7
1	7	5	6	2	4	9	8	3
4	2	3	8	7	9	1	5	6

230

1	3	5	2	8	9	6	4	7
2	6	8	4	7	5	9	1	3
7	9	4	3	6	1	8	2	5
4	2	3	7	1	8	5	9	6
8	5	9	6	3	4	2	7	1
6	1	7	9	5	2	4	3	8
5	7	2	8	9	3	1	6	4
3	4	1	5	2	6	7	8	9
9	8	6	1	4	7	3	5	2

231

8	1	5	9	2	7	3	6	4
3	9	7	6	1	4	2	8	5
6	4	2	8	3	5	1	9	7
2	3	6	1	7	9	4	5	8
4	7	8	2	5	6	9	3	1
1	5	9	3	4	8	6	7	2
5	6	4	7	9	2	8	1	3
7	8	1	4	6	3	5	2	9
9	2	3	5	8	1	7	4	6

232

4	9	7	3	8	5	6	1	2
2	1	5	4	6	9	3	8	7
8	6	3	2	1	7	9	5	4
6	7	4	1	9	2	8	3	5
9	2	1	8	5	3	4	7	6
5	3	8	7	4	6	1	2	9
3	5	6	9	2	1	7	4	8
7	4	2	6	3	8	5	9	1
1	8	9	5	7	4	2	6	3

233

5	2	4	6	1	3	8	9	7
3	1	7	9	8	2	4	5	6
8	9	6	7	5	4	2	1	3
9	6	5	3	4	7	1	8	2
2	7	8	1	6	9	3	4	5
1	4	3	8	2	5	7	6	9
6	5	1	2	3	8	9	7	4
4	3	9	5	7	1	6	2	8
7	8	2	4	9	6	5	3	1

234

9	2	3	6	1	7	8	5	4
5	1	7	4	8	9	6	2	3
8	4	6	5	2	3	7	9	1
3	5	8	7	4	1	2	6	9
2	9	1	8	6	5	3	4	7
7	6	4	3	9	2	1	8	5
4	3	2	9	7	6	5	1	8
6	7	9	1	5	8	4	3	2
1	8	5	2	3	4	9	7	6

235

5	6	2	8	4	9	1	3	7
7	9	3	5	1	6	2	4	8
4	8	1	3	7	2	5	6	9
6	1	9	4	8	7	3	2	5
8	4	5	2	3	1	9	7	6
2	3	7	6	9	5	8	1	4
1	2	4	9	6	8	7	5	3
3	5	8	7	2	4	6	9	1
9	7	6	1	5	3	4	8	2

236

6	9	2	4	7	5	8	3	1
1	4	3	2	9	8	6	5	7
8	5	7	1	3	6	2	9	4
3	8	5	6	1	2	4	7	9
7	6	4	5	8	9	3	1	2
2	1	9	3	4	7	5	8	6
9	3	8	7	2	4	1	6	5
4	7	6	8	5	1	9	2	3
5	2	1	9	6	3	7	4	8

237

9	6	7	3	4	2	1	5	8
4	1	2	8	5	7	3	6	9
8	3	5	1	9	6	2	4	7
5	7	9	6	2	3	4	8	1
2	4	6	9	1	8	5	7	3
1	8	3	5	7	4	6	9	2
6	9	4	2	8	1	7	3	5
7	5	1	4	3	9	8	2	6
3	2	8	7	6	5	9	1	4

238

1	6	2	8	7	4	3	9	5
8	7	3	9	6	5	2	1	4
5	4	9	2	1	3	6	7	8
3	9	5	6	8	7	1	4	2
2	1	4	3	5	9	8	6	7
6	8	7	4	2	1	9	5	3
7	3	6	1	4	2	5	8	9
4	2	8	5	9	6	7	3	1
9	5	1	7	3	8	4	2	6

239

7	2	1	9	3	6	4	8	5
5	4	9	8	7	2	3	1	6
8	6	3	4	1	5	7	9	2
4	5	8	6	9	7	1	2	3
1	9	6	2	5	3	8	4	7
2	3	7	1	4	8	6	5	9
9	7	2	3	8	4	5	6	1
3	1	4	5	6	9	2	7	8
6	8	5	7	2	1	9	3	4

240

2	4	8	7	9	6	1	5	3
7	6	5	1	8	3	4	2	9
1	9	3	5	2	4	6	8	7
5	7	2	4	1	8	9	3	6
3	1	9	2	6	7	8	4	5
6	8	4	3	5	9	2	7	1
8	2	7	9	3	1	5	6	4
4	5	1	6	7	2	3	9	8
9	3	6	8	4	5	7	1	2

241

4	5	3	9	2	1	7	6	8
2	7	9	8	5	6	3	4	1
6	8	1	4	3	7	5	9	2
9	4	8	2	6	3	1	7	5
3	1	7	5	8	9	4	2	6
5	6	2	7	1	4	9	8	3
7	3	5	6	9	2	8	1	4
1	2	4	3	7	8	6	5	9
8	9	6	1	4	5	2	3	7

242

9	6	8	7	4	2	1	3	5
7	4	1	3	5	6	9	8	2
3	5	2	1	9	8	4	7	6
8	1	6	4	7	3	2	5	9
5	7	3	2	1	9	8	6	4
2	9	4	8	6	5	7	1	3
4	8	5	9	3	1	6	2	7
6	2	7	5	8	4	3	9	1
1	3	9	6	2	7	5	4	8

243

3	5	8	2	4	6	9	7	1
9	7	1	8	5	3	4	2	6
2	6	4	1	7	9	8	5	3
5	3	9	7	8	1	2	6	4
1	8	2	6	3	4	7	9	5
7	4	6	5	9	2	1	3	8
8	1	7	3	2	5	6	4	9
6	9	3	4	1	7	5	8	2
4	2	5	9	6	8	3	1	7

244

7	9	1	5	6	4	3	2	8
4	8	3	7	9	2	6	5	1
5	6	2	3	8	1	4	9	7
9	4	5	1	3	7	2	8	6
1	3	6	4	2	8	9	7	5
2	7	8	9	5	6	1	4	3
8	1	4	6	7	9	5	3	2
6	5	7	2	4	3	8	1	9
3	2	9	8	1	5	7	6	4

245

1	7	8	2	3	9	5	6	4
9	3	2	5	6	4	8	1	7
4	6	5	1	8	7	9	3	2
6	4	9	3	5	2	1	7	8
2	5	1	7	4	8	3	9	6
3	8	7	6	9	1	2	4	5
8	1	6	9	7	5	4	2	3
7	9	4	8	2	3	6	5	1
5	2	3	4	1	6	7	8	9

246

8	6	5	3	4	2	9	1	7
7	9	1	8	6	5	2	4	3
2	4	3	9	7	1	5	6	8
3	5	8	6	2	9	4	7	1
4	2	6	1	5	7	3	8	9
9	1	7	4	8	3	6	5	2
5	3	4	2	1	8	7	9	6
6	8	9	7	3	4	1	2	5
1	7	2	5	9	6	8	3	4

247

8	3	9	5	1	4	7	2	6
6	2	4	7	3	8	5	9	1
5	7	1	6	2	9	8	4	3
4	1	8	2	9	5	3	6	7
7	5	2	3	4	6	1	8	9
9	6	3	1	8	7	2	5	4
2	9	5	4	7	1	6	3	8
1	4	6	8	5	3	9	7	2
3	8	7	9	6	2	4	1	5

248

1	2	3	6	8	5	9	4	7
9	7	8	3	4	1	5	6	2
5	6	4	2	7	9	3	1	8
2	4	1	7	9	8	6	3	5
8	9	5	4	6	3	2	7	1
6	3	7	1	5	2	4	8	9
4	8	2	9	3	7	1	5	6
7	1	6	5	2	4	8	9	3
3	5	9	8	1	6	7	2	4

249

6	7	8	3	4	1	5	9	2
9	1	4	7	5	2	6	8	3
2	3	5	9	8	6	7	1	4
7	4	2	8	6	5	9	3	1
3	8	1	4	7	9	2	5	6
5	6	9	2	1	3	4	7	8
1	5	7	6	3	4	8	2	9
8	2	6	1	9	7	3	4	5
4	9	3	5	2	8	1	6	7

250

1	5	4	3	9	8	6	2	7
8	7	2	1	5	6	3	9	4
9	6	3	7	2	4	8	5	1
2	9	6	8	3	1	7	4	5
7	1	5	4	6	9	2	3	8
3	4	8	5	7	2	9	1	6
4	2	1	9	8	7	5	6	3
5	8	9	6	4	3	1	7	2
6	3	7	2	1	5	4	8	9

251

8	2	5	3	4	6	7	9	1
4	7	6	2	1	9	5	3	8
1	3	9	5	8	7	2	6	4
7	1	8	6	9	2	4	5	3
5	9	2	4	7	3	1	8	6
6	4	3	1	5	8	9	2	7
2	8	4	7	3	5	6	1	9
9	6	7	8	2	1	3	4	5
3	5	1	9	6	4	8	7	2

252

9	6	1	5	8	2	4	3	7
8	4	5	6	7	3	2	1	9
7	2	3	4	9	1	5	6	8
2	9	8	3	1	4	7	5	6
5	1	4	7	2	6	9	8	3
3	7	6	9	5	8	1	4	2
1	3	2	8	4	9	6	7	5
6	5	9	1	3	7	8	2	4
4	8	7	2	6	5	3	9	1

253

8	7	3	5	9	1	4	6	2
5	9	2	4	6	3	7	8	1
1	4	6	2	7	8	5	3	9
7	5	4	9	1	6	8	2	3
6	3	8	7	2	4	9	1	5
9	2	1	8	3	5	6	7	4
4	1	7	6	5	2	3	9	8
3	6	5	1	8	9	2	4	7
2	8	9	3	4	7	1	5	6

254

4	3	8	1	9	2	7	6	5
5	1	9	8	6	7	3	2	4
7	6	2	5	3	4	1	8	9
1	5	4	7	2	6	8	9	3
3	2	6	9	5	8	4	1	7
9	8	7	4	1	3	2	5	6
8	9	3	6	7	1	5	4	2
6	7	1	2	4	5	9	3	8
2	4	5	3	8	9	6	7	1

255

2	8	1	5	9	6	3	4	7
6	5	4	3	7	2	8	1	9
7	9	3	8	4	1	5	6	2
1	4	7	2	8	3	6	9	5
5	3	2	1	6	9	4	7	8
9	6	8	7	5	4	1	2	3
8	1	5	4	2	7	9	3	6
4	7	6	9	3	5	2	8	1
3	2	9	6	1	8	7	5	4

256

6	7	2	4	8	5	1	9	3
4	9	8	1	3	6	7	2	5
1	5	3	7	2	9	6	4	8
8	4	5	2	9	1	3	7	6
9	6	1	3	7	8	2	5	4
2	3	7	6	5	4	9	8	1
3	8	4	9	1	7	5	6	2
7	2	6	5	4	3	8	1	9
5	1	9	8	6	2	4	3	7

257

1	4	3	6	9	2	7	8	5
7	6	9	8	4	5	1	3	2
2	8	5	3	1	7	9	6	4
9	7	2	5	6	4	8	1	3
3	1	4	7	2	8	6	5	9
6	5	8	9	3	1	2	4	7
8	9	7	4	5	6	3	2	1
5	2	6	1	7	3	4	9	8
4	3	1	2	8	9	5	7	6

258

2	7	5	6	4	8	3	9	1
3	8	9	2	5	1	4	6	7
1	4	6	9	7	3	5	8	2
7	2	4	5	3	9	8	1	6
8	5	1	4	6	2	9	7	3
6	9	3	8	1	7	2	4	5
5	3	7	1	8	4	6	2	9
4	6	2	7	9	5	1	3	8
9	1	8	3	2	6	7	5	4

259

3	8	4	6	7	2	9	5	1
7	2	5	3	9	1	8	6	4
9	6	1	4	5	8	3	2	7
2	5	6	9	1	3	7	4	8
8	4	3	5	6	7	1	9	2
1	9	7	2	8	4	6	3	5
5	1	2	7	3	9	4	8	6
6	7	9	8	4	5	2	1	3
4	3	8	1	2	6	5	7	9

260

3	5	6	1	8	9	7	4	2
8	1	7	2	3	4	9	6	5
2	9	4	7	6	5	8	1	3
7	3	5	6	9	1	2	8	4
9	8	1	4	2	7	5	3	6
6	4	2	3	5	8	1	7	9
1	2	9	8	4	6	3	5	7
4	7	3	5	1	2	6	9	8
5	6	8	9	7	3	4	2	1

261

5	2	1	6	4	8	9	7	3
3	6	8	2	9	7	4	5	1
4	7	9	1	3	5	2	6	8
6	9	5	7	8	1	3	4	2
7	8	4	3	5	2	1	9	6
1	3	2	9	6	4	5	8	7
8	4	7	5	2	3	6	1	9
9	1	3	4	7	6	8	2	5
2	5	6	8	1	9	7	3	4

262

8	3	5	6	2	9	1	4	7
6	7	2	4	5	1	3	8	9
9	4	1	3	7	8	6	2	5
2	5	7	9	4	6	8	3	1
3	1	6	5	8	2	7	9	4
4	9	8	7	1	3	2	5	6
1	8	4	2	6	5	9	7	3
5	2	3	1	9	7	4	6	8
7	6	9	8	3	4	5	1	2

263

3	2	9	8	5	4	1	6	7
4	7	6	1	9	3	8	5	2
5	1	8	6	7	2	9	3	4
9	6	4	2	3	1	5	7	8
1	5	7	9	6	8	2	4	3
2	8	3	5	4	7	6	1	9
8	3	1	4	2	6	7	9	5
7	9	2	3	1	5	4	8	6
6	4	5	7	8	9	3	2	1

264

3	9	7	4	5	8	2	6	1
4	5	2	6	9	1	8	3	7
8	6	1	3	2	7	4	5	9
6	1	5	9	8	4	3	7	2
9	2	8	7	1	3	5	4	6
7	4	3	2	6	5	9	1	8
5	8	6	1	4	9	7	2	3
1	3	9	5	7	2	6	8	4
2	7	4	8	3	6	1	9	5

265

6	8	2	4	1	3	7	5	9
4	1	5	2	9	7	8	6	3
7	9	3	5	6	8	1	4	2
9	7	4	6	2	1	5	3	8
1	5	8	7	3	9	6	2	4
2	3	6	8	5	4	9	1	7
5	6	7	9	4	2	3	8	1
3	4	9	1	8	5	2	7	6
8	2	1	3	7	6	4	9	5

266

7	1	3	2	5	6	9	8	4
8	4	9	3	1	7	2	5	6
2	5	6	4	9	8	3	1	7
9	8	4	5	3	2	6	7	1
1	6	5	8	7	9	4	3	2
3	7	2	1	6	4	8	9	5
5	2	7	6	8	3	1	4	9
4	3	1	9	2	5	7	6	8
6	9	8	7	4	1	5	2	3

267

5	6	1	2	7	8	3	4	9
3	7	8	9	5	4	1	6	2
2	9	4	1	3	6	7	5	8
8	3	7	4	1	5	9	2	6
6	2	5	7	9	3	8	1	4
1	4	9	8	6	2	5	3	7
9	8	6	5	2	1	4	7	3
4	5	2	3	8	7	6	9	1
7	1	3	6	4	9	2	8	5

268

8	4	5	9	2	1	3	7	6
1	7	9	8	3	6	4	2	5
3	2	6	5	4	7	9	1	8
5	6	4	1	8	2	7	9	3
9	8	2	7	6	3	5	4	1
7	1	3	4	5	9	8	6	2
4	3	1	2	9	8	6	5	7
2	5	8	6	7	4	1	3	9
6	9	7	3	1	5	2	8	4

269

6	4	9	8	3	5	7	1	2
2	8	5	1	7	4	9	3	6
3	7	1	6	9	2	4	5	8
4	2	3	5	8	6	1	9	7
7	1	6	9	2	3	8	4	5
5	9	8	4	1	7	6	2	3
9	3	7	2	6	1	5	8	4
1	6	4	3	5	8	2	7	9
8	5	2	7	4	9	3	6	1

270

6	5	4	7	1	3	8	9	2
9	8	7	2	5	6	3	1	4
3	2	1	8	9	4	5	6	7
2	4	6	5	7	9	1	3	8
5	7	8	3	4	1	9	2	6
1	9	3	6	2	8	7	4	5
8	1	2	4	3	5	6	7	9
4	6	9	1	8	7	2	5	3
7	3	5	9	6	2	4	8	1

271

6	7	3	4	2	5	8	1	9
2	9	5	1	7	8	3	6	4
1	8	4	3	9	6	5	7	2
4	1	7	2	3	9	6	5	8
9	5	6	7	8	4	2	3	1
8	3	2	5	6	1	9	4	7
3	4	8	6	1	2	7	9	5
5	6	9	8	4	7	1	2	3
7	2	1	9	5	3	4	8	6

272

7	4	9	8	1	5	3	2	6
2	6	8	9	3	4	1	7	5
5	3	1	2	7	6	8	9	4
6	9	3	7	4	1	5	8	2
8	5	4	3	9	2	6	1	7
1	7	2	5	6	8	4	3	9
4	2	6	1	8	7	9	5	3
3	8	5	6	2	9	7	4	1
9	1	7	4	5	3	2	6	8

273

9	6	8	1	2	5	3	4	7
3	4	5	7	6	8	9	2	1
1	7	2	4	9	3	6	8	5
7	5	1	9	8	2	4	6	3
4	8	3	6	7	1	2	5	9
6	2	9	3	5	4	7	1	8
5	9	7	8	4	6	1	3	2
2	3	4	5	1	7	8	9	6
8	1	6	2	3	9	5	7	4

274

3	1	6	8	4	7	2	9	5
4	2	5	3	6	9	1	8	7
8	9	7	2	1	5	4	3	6
6	4	2	1	8	3	7	5	9
9	7	8	4	5	2	6	1	3
1	5	3	7	9	6	8	4	2
5	6	1	9	7	4	3	2	8
7	3	4	5	2	8	9	6	1
2	8	9	6	3	1	5	7	4

275

8	3	1	4	9	7	5	2	6
6	7	9	5	2	1	3	4	8
2	5	4	6	3	8	9	1	7
3	4	2	7	1	9	6	8	5
7	8	5	2	6	4	1	9	3
9	1	6	8	5	3	4	7	2
1	6	8	9	7	5	2	3	4
5	9	7	3	4	2	8	6	1
4	2	3	1	8	6	7	5	9

276

6	2	5	9	7	3	1	8	4
9	4	7	1	2	8	5	6	3
1	8	3	6	4	5	2	9	7
3	1	2	4	9	7	8	5	6
4	6	9	8	5	2	7	3	1
5	7	8	3	6	1	4	2	9
8	9	6	5	1	4	3	7	2
7	5	1	2	3	6	9	4	8
2	3	4	7	8	9	6	1	5

277

2	1	8	9	6	3	4	7	5
6	7	5	8	2	4	3	9	1
9	4	3	1	5	7	2	6	8
4	8	7	3	1	9	5	2	6
5	6	1	7	4	2	8	3	9
3	9	2	5	8	6	1	4	7
1	3	4	6	9	5	7	8	2
8	2	6	4	7	1	9	5	3
7	5	9	2	3	8	6	1	4

278

1	2	4	5	8	3	9	6	7
9	5	7	6	1	2	8	3	4
6	8	3	4	9	7	1	5	2
4	3	9	7	5	8	6	2	1
2	6	8	1	3	9	7	4	5
7	1	5	2	6	4	3	9	8
5	7	1	9	2	6	4	8	3
3	9	2	8	4	1	5	7	6
8	4	6	3	7	5	2	1	9

279

8	5	6	1	2	7	9	4	3
9	4	1	5	8	3	7	2	6
2	7	3	9	4	6	8	5	1
3	2	7	8	5	4	6	1	9
6	8	9	3	1	2	5	7	4
5	1	4	6	7	9	3	8	2
7	9	2	4	6	5	1	3	8
1	6	5	2	3	8	4	9	7
4	3	8	7	9	1	2	6	5

280

3	7	8	1	2	9	4	6	5
4	5	2	6	8	7	1	3	9
9	6	1	5	3	4	7	2	8
6	9	5	4	1	3	8	7	2
1	4	7	8	5	2	3	9	6
2	8	3	7	9	6	5	1	4
5	1	9	2	7	8	6	4	3
7	3	6	9	4	5	2	8	1
8	2	4	3	6	1	9	5	7

281

8	7	6	3	4	5	1	2	9
3	1	9	6	2	7	5	4	8
5	4	2	9	8	1	3	7	6
2	6	3	4	7	8	9	5	1
4	5	7	1	6	9	2	8	3
1	9	8	5	3	2	7	6	4
9	8	1	2	5	6	4	3	7
7	3	5	8	9	4	6	1	2
6	2	4	7	1	3	8	9	5

282

4	3	2	8	5	1	6	9	7
1	7	9	6	3	2	8	4	5
5	8	6	9	7	4	1	3	2
8	6	7	3	2	9	4	5	1
9	1	5	4	6	8	2	7	3
2	4	3	5	1	7	9	8	6
3	2	8	1	4	5	7	6	9
7	5	4	2	9	6	3	1	8
6	9	1	7	8	3	5	2	4

283

6	2	5	9	1	3	7	4	8
1	7	4	8	2	6	9	5	3
8	9	3	5	4	7	1	2	6
5	1	8	6	3	9	2	7	4
4	6	7	1	8	2	5	3	9
9	3	2	4	7	5	8	6	1
7	5	6	3	9	1	4	8	2
2	4	1	7	6	8	3	9	5
3	8	9	2	5	4	6	1	7

284

1	2	9	5	6	7	8	4	3
4	8	7	1	9	3	5	6	2
3	5	6	4	2	8	9	7	1
2	3	1	7	5	6	4	9	8
8	7	4	9	3	2	1	5	6
6	9	5	8	4	1	2	3	7
5	1	2	6	7	9	3	8	4
7	4	8	3	1	5	6	2	9
9	6	3	2	8	4	7	1	5

285

8	2	1	4	9	5	3	6	7
7	9	4	1	6	3	2	5	8
6	5	3	2	7	8	9	1	4
5	4	7	3	1	9	6	8	2
1	3	6	5	8	2	7	4	9
9	8	2	6	4	7	5	3	1
2	7	5	8	3	4	1	9	6
4	6	9	7	5	1	8	2	3
3	1	8	9	2	6	4	7	5

286

3	1	9	6	7	4	2	8	5
6	4	7	2	5	8	9	3	1
5	2	8	3	9	1	7	4	6
1	7	4	9	6	3	8	5	2
2	3	6	8	4	5	1	7	9
8	9	5	7	1	2	4	6	3
9	6	3	4	2	7	5	1	8
7	5	2	1	8	6	3	9	4
4	8	1	5	3	9	6	2	7

287

2	7	3	6	9	4	1	8	5
1	4	8	7	2	5	6	9	3
5	6	9	1	8	3	4	2	7
7	9	4	2	5	6	8	3	1
3	2	1	9	7	8	5	6	4
8	5	6	4	3	1	2	7	9
9	1	7	8	4	2	3	5	6
4	3	2	5	6	7	9	1	8
6	8	5	3	1	9	7	4	2

288

8	4	6	9	7	2	1	5	3
9	7	3	1	4	5	8	6	2
2	5	1	6	3	8	7	9	4
1	8	2	3	5	6	4	7	9
6	9	5	4	8	7	2	3	1
7	3	4	2	1	9	6	8	5
5	1	8	7	9	4	3	2	6
4	6	7	5	2	3	9	1	8
3	2	9	8	6	1	5	4	7

289

4	8	7	1	2	6	3	5	9
1	5	6	8	3	9	4	7	2
3	2	9	5	4	7	8	6	1
7	9	3	4	5	1	6	2	8
6	1	2	7	8	3	5	9	4
8	4	5	6	9	2	1	3	7
2	7	1	3	6	8	9	4	5
9	6	4	2	1	5	7	8	3
5	3	8	9	7	4	2	1	6

290

7	9	4	3	5	8	2	6	1
1	8	2	7	4	6	5	3	9
3	6	5	9	2	1	4	7	8
6	4	7	2	1	5	9	8	3
8	3	1	6	9	4	7	2	5
2	5	9	8	3	7	6	1	4
4	2	8	1	6	9	3	5	7
5	1	6	4	7	3	8	9	2
9	7	3	5	8	2	1	4	6

291

5	7	8	4	3	6	1	9	2
9	6	1	2	8	7	3	4	5
4	2	3	9	1	5	8	7	6
7	1	5	6	4	9	2	8	3
8	3	9	5	2	1	7	6	4
6	4	2	8	7	3	9	5	1
2	8	6	1	9	4	5	3	7
3	9	4	7	5	2	6	1	8
1	5	7	3	6	8	4	2	9

292

3	2	6	5	7	9	1	8	4
4	5	7	8	6	1	3	9	2
9	1	8	4	2	3	5	6	7
1	4	2	9	5	7	8	3	6
8	3	5	2	4	6	7	1	9
6	7	9	1	3	8	2	4	5
2	9	1	7	8	4	6	5	3
7	6	4	3	1	5	9	2	8
5	8	3	6	9	2	4	7	1

293

7	8	1	5	4	2	3	9	6
2	6	3	1	8	9	7	4	5
4	9	5	7	3	6	1	2	8
5	3	9	2	6	7	8	1	4
8	7	4	3	5	1	2	6	9
1	2	6	8	9	4	5	3	7
3	4	2	6	7	8	9	5	1
9	5	8	4	1	3	6	7	2
6	1	7	9	2	5	4	8	3

294

5	1	7	2	6	8	9	4	3
8	9	6	7	3	4	1	5	2
2	3	4	9	5	1	7	6	8
9	4	8	3	2	5	6	1	7
1	7	5	8	9	6	2	3	4
3	6	2	1	4	7	5	8	9
7	5	1	4	8	9	3	2	6
4	2	9	6	1	3	8	7	5
6	8	3	5	7	2	4	9	1

295

2	7	9	4	8	5	1	6	3
1	5	8	6	7	3	9	2	4
4	6	3	9	2	1	5	7	8
6	3	2	8	1	9	7	4	5
5	8	7	3	6	4	2	1	9
9	1	4	7	5	2	3	8	6
3	9	6	1	4	7	8	5	2
8	2	1	5	9	6	4	3	7
7	4	5	2	3	8	6	9	1

296

6	3	8	7	5	2	9	4	1
9	5	1	3	4	6	8	7	2
4	2	7	8	1	9	5	3	6
7	9	5	1	2	4	6	8	3
2	8	3	6	7	5	1	9	4
1	6	4	9	8	3	2	5	7
3	7	2	5	6	8	4	1	9
8	4	9	2	3	1	7	6	5
5	1	6	4	9	7	3	2	8

297

9	7	1	6	4	5	3	2	8
4	6	8	1	2	3	9	5	7
2	3	5	8	7	9	4	1	6
3	2	6	7	1	4	8	9	5
8	4	9	3	5	2	7	6	1
5	1	7	9	8	6	2	3	4
7	8	3	2	6	1	5	4	9
6	5	2	4	9	8	1	7	3
1	9	4	5	3	7	6	8	2

298

6	3	7	8	9	5	4	2	1
1	8	4	7	3	2	5	9	6
5	9	2	6	4	1	7	8	3
8	7	6	2	1	3	9	4	5
2	4	9	5	8	6	1	3	7
3	1	5	9	7	4	2	6	8
7	6	3	1	2	9	8	5	4
9	5	8	4	6	7	3	1	2
4	2	1	3	5	8	6	7	9

299

6	4	8	1	9	3	7	2	5
3	7	2	5	6	8	4	9	1
9	5	1	2	4	7	6	8	3
8	3	9	7	1	2	5	6	4
5	2	6	4	3	9	8	1	7
4	1	7	6	8	5	9	3	2
7	9	5	8	2	1	3	4	6
2	6	3	9	5	4	1	7	8
1	8	4	3	7	6	2	5	9

300

4	9	2	8	3	5	7	1	6
1	6	7	2	9	4	8	5	3
8	3	5	1	6	7	4	2	9
7	8	9	6	5	1	2	3	4
3	2	1	4	7	8	6	9	5
6	5	4	9	2	3	1	8	7
5	1	8	7	4	9	3	6	2
2	4	3	5	1	6	9	7	8
9	7	6	3	8	2	5	4	1

301

3	8	4	6	1	9	5	2	7
6	7	1	3	5	2	4	9	8
5	2	9	8	7	4	6	3	1
2	9	3	5	6	7	1	8	4
8	4	6	2	9	1	3	7	5
7	1	5	4	3	8	2	6	9
9	3	7	1	4	6	8	5	2
1	6	2	7	8	5	9	4	3
4	5	8	9	2	3	7	1	6

302

5	7	6	9	8	4	2	3	1
4	9	8	3	2	1	7	6	5
1	3	2	6	5	7	8	4	9
9	2	3	4	1	8	6	5	7
7	4	1	5	3	6	9	2	8
6	8	5	7	9	2	3	1	4
2	5	7	1	6	9	4	8	3
3	6	9	8	4	5	1	7	2
8	1	4	2	7	3	5	9	6

303

1	4	9	5	8	3	6	7	2
3	7	2	6	1	9	8	4	5
6	8	5	4	2	7	3	9	1
4	1	3	7	5	2	9	8	6
5	9	7	8	4	6	1	2	3
8	2	6	9	3	1	7	5	4
7	3	4	1	9	5	2	6	8
2	6	8	3	7	4	5	1	9
9	5	1	2	6	8	4	3	7

304

3	9	5	6	2	1	7	4	8
1	6	4	3	7	8	5	9	2
7	8	2	9	4	5	3	1	6
9	1	8	2	5	6	4	7	3
4	3	7	1	8	9	6	2	5
2	5	6	7	3	4	9	8	1
8	7	3	4	6	2	1	5	9
6	2	9	5	1	7	8	3	4
5	4	1	8	9	3	2	6	7

305

6	3	7	8	4	1	9	5	2
1	5	2	3	9	7	6	8	4
4	8	9	2	5	6	3	7	1
8	7	5	6	1	4	2	9	3
9	6	1	7	2	3	8	4	5
2	4	3	5	8	9	1	6	7
3	1	8	9	7	5	4	2	6
7	9	4	1	6	2	5	3	8
5	2	6	4	3	8	7	1	9

306

8	3	7	4	2	1	6	9	5
2	1	9	6	8	5	3	4	7
6	5	4	7	3	9	1	8	2
5	8	2	3	1	7	4	6	9
4	9	6	8	5	2	7	1	3
3	7	1	9	6	4	5	2	8
7	4	5	1	9	8	2	3	6
1	6	8	2	7	3	9	5	4
9	2	3	5	4	6	8	7	1

307

8	2	6	9	1	5	3	4	7
4	9	3	2	7	6	8	5	1
5	1	7	3	4	8	9	2	6
7	4	1	6	8	2	5	3	9
6	5	2	1	9	3	7	8	4
3	8	9	7	5	4	6	1	2
1	3	5	4	6	7	2	9	8
9	7	8	5	2	1	4	6	3
2	6	4	8	3	9	1	7	5

308

6	7	1	8	3	5	2	9	4
5	2	4	9	1	6	3	7	8
8	3	9	2	4	7	6	1	5
1	9	2	7	5	3	4	8	6
3	5	6	4	8	1	9	2	7
7	4	8	6	2	9	1	5	3
4	1	3	5	7	2	8	6	9
2	6	7	3	9	8	5	4	1
9	8	5	1	6	4	7	3	2

309

8	3	7	6	2	9	1	4	5
2	9	5	7	1	4	8	6	3
4	6	1	8	3	5	2	9	7
5	1	6	9	8	2	7	3	4
9	4	8	3	6	7	5	2	1
7	2	3	4	5	1	6	8	9
1	8	4	2	7	3	9	5	6
3	7	2	5	9	6	4	1	8
6	5	9	1	4	8	3	7	2

310

1	6	3	2	8	5	4	9	7
2	9	7	3	6	4	8	5	1
5	8	4	9	7	1	2	3	6
8	3	2	5	4	7	1	6	9
6	1	5	8	3	9	7	4	2
4	7	9	1	2	6	3	8	5
7	5	6	4	1	8	9	2	3
9	2	8	7	5	3	6	1	4
3	4	1	6	9	2	5	7	8

311

3	2	9	5	4	8	6	1	7
5	8	6	7	1	3	4	9	2
1	4	7	6	2	9	3	8	5
7	3	1	4	9	6	5	2	8
2	5	8	3	7	1	9	4	6
9	6	4	2	8	5	7	3	1
4	7	3	8	6	2	1	5	9
8	9	5	1	3	7	2	6	4
6	1	2	9	5	4	8	7	3

312

4	6	7	2	3	5	9	1	8
8	9	1	7	4	6	3	5	2
5	2	3	1	8	9	7	6	4
3	8	5	4	9	2	1	7	6
7	1	2	5	6	3	8	4	9
6	4	9	8	7	1	2	3	5
1	7	8	6	2	4	5	9	3
9	5	6	3	1	8	4	2	7
2	3	4	9	5	7	6	8	1

313

6	7	1	5	8	2	9	3	4
5	3	8	1	4	9	6	7	2
4	9	2	3	6	7	5	8	1
3	5	7	9	2	4	1	6	8
2	6	4	8	3	1	7	9	5
1	8	9	7	5	6	2	4	3
8	1	6	4	9	5	3	2	7
9	4	5	2	7	3	8	1	6
7	2	3	6	1	8	4	5	9

314

5	3	4	7	8	1	9	6	2
6	7	9	5	2	4	1	8	3
8	1	2	6	9	3	5	4	7
1	6	8	3	4	7	2	5	9
7	4	3	9	5	2	8	1	6
2	9	5	1	6	8	7	3	4
9	8	7	4	3	5	6	2	1
4	2	6	8	1	9	3	7	5
3	5	1	2	7	6	4	9	8

315

8	9	5	6	2	4	7	1	3
4	3	2	7	1	9	5	8	6
1	7	6	8	5	3	2	9	4
6	8	3	5	9	2	4	7	1
9	1	7	4	3	8	6	2	5
5	2	4	1	6	7	8	3	9
7	5	8	9	4	1	3	6	2
3	6	1	2	7	5	9	4	8
2	4	9	3	8	6	1	5	7

316

4	5	6	2	1	7	9	3	8
8	9	7	3	6	5	2	4	1
3	1	2	9	8	4	7	6	5
6	4	1	8	3	9	5	2	7
5	2	9	4	7	6	1	8	3
7	3	8	1	5	2	6	9	4
1	6	4	7	2	3	8	5	9
9	8	5	6	4	1	3	7	2
2	7	3	5	9	8	4	1	6

317

9	2	8	1	4	5	3	6	7
3	6	5	7	9	2	1	4	8
7	4	1	8	6	3	9	5	2
2	1	9	4	7	6	5	8	3
4	5	6	3	8	1	7	2	9
8	3	7	2	5	9	6	1	4
5	8	4	9	1	7	2	3	6
1	7	3	6	2	4	8	9	5
6	9	2	5	3	8	4	7	1

318

9	4	5	2	8	3	1	6	7
8	6	1	5	7	9	3	4	2
3	7	2	1	6	4	8	9	5
7	5	9	4	2	1	6	3	8
6	2	8	3	9	7	4	5	1
4	1	3	6	5	8	2	7	9
2	3	4	7	1	5	9	8	6
5	8	6	9	3	2	7	1	4
1	9	7	8	4	6	5	2	3

319

5	8	1	2	6	9	7	3	4
4	3	7	1	5	8	2	6	9
2	6	9	4	3	7	8	1	5
8	5	6	3	9	1	4	7	2
1	4	2	8	7	5	3	9	6
9	7	3	6	4	2	5	8	1
7	9	8	5	2	6	1	4	3
3	1	5	9	8	4	6	2	7
6	2	4	7	1	3	9	5	8

320

7	6	5	2	1	9	8	4	3
9	4	2	5	8	3	7	1	6
1	8	3	7	6	4	9	5	2
6	5	7	9	3	2	4	8	1
2	1	4	8	7	5	3	6	9
8	3	9	1	4	6	2	7	5
4	7	6	3	9	1	5	2	8
5	9	8	6	2	7	1	3	4
3	2	1	4	5	8	6	9	7